CATALOGUE DE LIVRES

RARES ET PRÉCIEUX

D'OUVRAGES A FIGURES

DES XVIIIe ET XIXe SIÈCLES

ET D'UNE TRÈS BELLE COLLECTION

DE LIVRES DE L'ÉCOLE ROMANTIQUE

COMPOSANT

LA BIBLIOTHÈQUE DE M. L***

PARIS

A. DUREL, LIBRAIRE

9 ET 11, PASSAGE DU COMMERCE, 9 ET 11

21, RUE DE L'ANCIENNE-COMÉDIE

—

1882

CATALOGUE DE LIVRES

RARES ET PRÉCIEUX

D'OUVRAGES A FIGURES

DES XVIIIᵉ ET XIXᵉ SIÈCLES

ET D'UNE TRÈS BELLE COLLECTION

DE LIVRES DE L'ÉCOLE ROMANTIQUE

LA VENTE AURA LIEU

Les Lundi 27 et Mardi 28 Février 1882

A DEUX HEURES TRÈS PRÉCISES

Hôtel des Commissaires-Priseurs

SALLE N° 3, AU PREMIER

Par le ministère de M° MAURICE DELESTRE, commissaire-priseur, rue Drouot, 27

Assisté de M. A. DUREL, libraire, 9 et 11, passage du Commerce, 21, rue de l'Ancienne-Comédie.

CONDITIONS DE LA VENTE

La vente se fait **expressément au comptant**.

Les acquéreurs payeront 5 p. 100, en sus des enchères, applicables aux frais.

Les ouvrages devront être collationnés sur place, et dans les vingt-quatre heures de l'adjudication. Passé ce délai, ou une fois sortis de la salle de vente, ils ne seront repris pour aucune cause.

M. ADOLPHE DUREL, chargé de la vente, remplira les commissions des personnes qui ne pourraient y assister.

M. A. DUREL se réserve le droit de réunir et de vendre en un seul lot tels articles du catalogue qu'il jugera utile à l'intérêt de la vente.

Paris. — Typ. G. Chamerot, 19, rue des Saints-Pères. — 12315.

CATALOGUE DE LIVRES

RARES ET PRÉCIEUX

D'OUVRAGES A FIGURES

DES XVIIIe ET XIXe SIÈCLES

ET D'UNE TRÈS BELLE COLLECTION

DE LIVRES DE L'ÉCOLE ROMANTIQUE

COMPOSANT

LA BIBLIOTHÈQUE DE M. L***

PARIS

A. DUREL, LIBRAIRE

9 ET 11, PASSAGE DU COMMERCE, 9 ET 11
21, RUE DE L'ANCIENNE-COMÉDIE

1882

ORDRE DES VACATIONS

Lundi 27 *février* 1882.

                                                                     Numéros.

OUVRAGES ILLUSTRÉS. — ROMANTIQUES, ETC. . . . . . 1 à 228

Mardi 28 *février*.

BEAUX LIVRES ILLUSTRÉS DU XVIIIe SIÈCLE. LIVRES ANCIENS, RARES ET CURIEUX. ÉDITIONS ORIGINALES. { 365 à 419 / 300 à 364 / 229 à 299

CATALOGUE DE LIVRES

RARES ET PRÉCIEUX

D'OUVRAGES A FIGURES

DES XVIIIe ET XIXe SIÈCLES

ET D'UNE TRÈS BELLE COLLECTION

DE LIVRES DE L'ÉCOLE ROMANTIQUE

PREMIÈRE PARTIE

OUVRAGES ILLUSTRÉS DU XIXe SIÈCLE. — ROMANTIQUES EN ÉDITIONS ORIGINALES

AUGIER (Émile).

1. La Ciguë, comédie en deux actes et en vers. *Paris,* 1844. In-12, cart. non rogné.

    Édition originale. Exemplaire avec envoi autogr.: A madame Julie Fortoul, témoignage de sincère amitié, E. Augier.

2. La Chasse au roman, comédie-vaudeville en trois actes, par MM. Émile Augier et Jules Sandeau. *Paris,* 1851. In-12, cart. non rogné.

    Édition originale.

3. Le Joueur de Flûte, comédie en un acte, en vers, par M. Émile Augier. *Paris,* 1851. In-12, couv. impr. cart. non rogné.

    Édition originale.

4. Philiberte, comédie en trois actes et en vers, par Émile Augier. *Paris*, 1853. In-12, cart. non rogné.

Édition originale.

5. Le Gendre de M. Poirier, comédie en quatre actes, en prose, par Émile Augier et J. Sandeau. *Paris*, 1854. In-12, cart. non rogné.

Édition originale.

6. Le Mariage d'Olympe, pièce en trois actes, en prose, par E. Augier. *Paris*, 1855. In-12, cart. non rogné.

Édition originale. Exemplaire avec envoi autogr. : A Auguste Lireux, son ami, E. Augier.

7. Les Lionnes pauvres, comédie en cinq actes, en prose, par Émile Augier et Édouard Foussier. *Paris*, 1858. In-12, cart. non rogné.

Édition originale.

8. L'Aventurière, comédie en quatre actes, en vers, par Émile Augier. *Paris*, 1860. In-12, cart. non rogné.

9. Le Fils de Giboyer, comédie en cinq actes, en prose, par Émile Augier, de l'Académie française. *Paris*, 1863. In-8, cart. non rogné.

Édition originale.

10. Les Fourchambault, comédie, par Émile Augier. *Paris*, 1878. In-8, broché, couv. impr.

Édition originale.

BALZAC (H. de).

11. Physiologie du Mariage, ou Méditations de philosophie éclectique sur le bonheur et le malheur conjugal, publiées par un jeune célibataire (H. de Balzac). *Paris*, 1830. 2 vol. in-8, maroq. citron, dent. int. tr. dor. (*Cuzin*.)

Édition originale. Très bel exemplaire relié sur brochure.

12. La Peau de Chagrin, roman philosophique, par M. de Balzac. *Paris*, 1831. 2 vol. in-8, 2 fig. de T. Johannot,

sur chine, maroq. vert, dent. int. tr. dor. (*Cuzin.*)

Édition originale. Superbe exemplaire.

13. Nouveaux Contes philosophiques, par M. de Balzac, ornés d'une vignette dessinée par Tony Johannot et gravée par Porret. *Paris, Gosselin,* 1832. In-8, broché, n. r. couv. imprimée.

Édition originale.

14. Le Médecin de campagne, par H. de Balzac. *Paris,* 1833. 2 vol. in-8, couv. imprimée, cart. non rog.

Édition originale.

15. Histoire intellectuelle de Louis Lambert, par M. de Balzac. *Paris,* 1833. In-12, cart. non rogné.

Exemplaire avec envoi autogr. : A madame Brissot, hommage de l'auteur, H. de Balzac.

16. Le Père Goriot, histoire parisienne, publiée par M. de Balzac. *Paris, librairie de Werdet,* 1835. 2 vol. in-8, cart. non rognés.

Édition originale.

17. Revue parisienne, dirigée par M. de Balzac. *Paris,* 1840. In-18, cart. non rogné.

18. Ursule Mirouët, par H. de Balzac. *Paris, Hipp. Souverain,* 1842. 2 vol. in-8, cart. non rognés.

Édition originale.

19. Les Ressources de Quinola, comédie en cinq actes, en prose, et précédée d'un prologue par M. de Balzac. *Paris, H. Souverain,* 1842. In-8, cart. non rogné.

Édition originale.

20. Monographie de la Presse parisienne, par H. de Balzac, illustrée de scènes, croquis, charges, caricatures, portraits, et grandes vignettes hors texte. *Paris,* 1842. Gr. in-8, cart.

21. La Muse du département, ou Dinah et Rosalie, par

H. de Balzac. *Paris*, 1843. 2 vol. in-8, brochés, couv. impr.

<small>Édition originale.</small>

22. Paris marié, philosophie de la vie conjugale, par H. de Balzac, commentée par Gavarni. *Paris, Hetzel,* 1846. In-8, figures, cart. non rogné.

23. La Marâtre, drame en cinq actes et huit tableaux, par H. de Balzac. *Paris,* 1848. In-12, cart. non rogné.

<small>Édition originale.</small>

24. Mercadet, comédie en trois actes et en prose, par H. de Balzac. *Paris,* 1851. In-12, cart. non rogné.

<small>Édition originale.</small>

25. Le Faiseur, comédie en cinq actes et en prose, par H. de Balzac. *Paris, Alexandre Cadot,* 1854. In-12, br.

26. Portrait intime de Balzac, sa vie, son humeur et son caractère, par Edmond Werdet. *A Paris, chez A. Sylvestre,* 1859. In-12, br.

BANVILLE (Th. de).

27. Odes funambulesques (par Th. de Banville), avec un frontispice gravé à l'eau-forte par Bracquemont. *Alençon, Poulet-Malassis et de Broise,* 1857. In-12, broché, n. r. couv. impr.

BARBEY D'AUREVILLY (Jules).

28. Une Vieille Maîtresse, par Jules Barbey d'Aurevilly. *Paris, Cadot,* 1852. 3 vol. in-8, cart. non rognés.

<small>Édition originale.</small>

29. Œuvres de J. Barbey d'Aurevilly. L'Ensorcelée. *Paris,* 1873. In-12, portrait, cart. n. r.

BARBIER (Auguste).

30. Iambes, par Auguste Barbier. *Paris,* 1832. In-8, broché, n. rogné, couv. impr.

<small>Édition originale. Très bel exemplaire.</small>

BAUDELAIRE (Charles).

31. Les Paradis artificiels. Opium et Haschisch, par Charles Baudelaire. *Paris, Poulet-Malassis et de Broise,* 1860. In-12, pap. de Hollande, cart. non rogné.

BÉRANGER (P.-J. de).

32. Chansons morales et autres, par M. P.-J. de Béranger. *Paris,* 1816. In-18, frontisp. et titre gravé, maroq. rouge, dos et plats à compart. de filets, guirlande de fleurs aux angles, doublé de maroq. bleu, large dent. à petits fers, tr. dor. (*Cuzin*)
   Édition originale. Superbe exemplaire à toutes marges. — Chef-d'œuvre de reliure.

33. Chansons, par M. J.-P. de Béranger. *Paris,* 1821, 2 vol. — Chansons nouvelles, par M. P.-J. de Béranger. *Paris,* 1825. 1 vol. — Chansons de Béranger, précédées d'une notice sur l'auteur et d'un essai sur ses poésies, par P.-F. Tissot. *Bruxelles,* 1829. 1 vol. — Chansons nouvelles et dernières de P.-J. de Béranger, dédiées à M. Lucien Bonaparte. *Paris,* 1833. 1 vol. Ensemble 5 vol. in-12, cart. non rog.

34. Chansons de P.-J. de Béranger. *Paris, Baudouin frères,* 1826-27. 5 tomes en 1 vol. in-32. mar. viol. fil. tr. dor. (*Héring.*)

35. Chansons de P.-J. de Béranger, anciennes, nouvelles et inédites, avec des vignettes de Devéria et des dessins coloriés d'Henri Monnier. *Paris, Baudouin frères,* 1828. 2 vol. in-8, demi-maroq. avec coins, non rog.
   Très bel exemplaire, avec les 40 figures de H. Monnier.

36. Airs anciens et nouveaux des chansons de M. P.-J. de Béranger, publiés par A. Guichard-Printemps. *A Paris, chez Hentz-Jouve, s. d.* In-12, veau, tr. mar.

37. Œuvres complètes de P.-J. de Béranger. Tome V. Supplément. *Paris,* 1834. In-8, broché, n. rog.

38. Suite de 100 gravures sur bois, par Grandville et Raffet, pour illustrer les Œuvres de Béranger.

   Épreuves sur chine à toutes marges. Très rare.

BÉRAT (Frédéric).

39. Chansons. Paroles et musique de Frédéric Bérat, illustrations par T. Johannot, Raffet, Bida, Gendron, Lancelot, Mouilleron, Leroux, Pauquet, A. Marsand, Gremer C. Nanteuil, Gérard Séguin, H. Potin, gravées sur bois par Jardin, portrait de l'auteur, dessiné par Victor Pollet, et gravé par Auguste Blanchard. *Paris, A. Curmer.* In-8, dos et coins de maroq. la Vallière, tête dorée, non rog.

BERTRAND (Louis).

40. Gaspard de la Nuit, fantaisie à la manière de Rembrandt et de Callot, par Louis Bertrand, précédé d'une notice par M. Sainte-Beuve. *Angers,* 1842. Gr. in-8, cart. non rogné.

CAVAIGNAC (Godefroy).

41. Dubois cardinal, proverbe historique. — Une Tuerie de Cosaques, scènes d'invasion, par Godefroy Cavaignac. *Paris,* 1831. In-8, cart non rogné.

   Très rare.

CHÉNIER (André).

42. Œuvres complètes d'André Chénier. *Paris, Baudouin,* 1819. In-8, maroq. rouge, jans. dent. int. tr. dor. (*Reymann.*)

   Édition originale. Rare. Bel exemplaire avec une pièce de vers autogr. d'André Chénier.

43. Œuvres poétiques d'André de Chénier, avec une notice et des notes, par M. Gabriel de Chénier. *Paris, Lemerre,* 1874. 3 vol. in-12, pap. de Hollande, portrait, cart. non rognés.

CHEVIGNÉ (COMTE DE).

44. Les Contes rémois, par le comte de C. (Chevigné), dessins de E. Meissonier. Troisième édition. *Paris, Michel Lévy frères*, 1858. In-8, portrait et figures, maroq. rouge, dos orné, fil. dent. int. tr. dor. (*Cuzin*.)

Superbe exemplaire en grand papier de Hollande, avec les vignettes tirées sur chine. Très rare.

45. Les Contes rémois, par M. le comte Louis de Chevigné, dessins de E. Meissonier. *Paris, Michel Lévy frères*, 1861. In-8, figures, br couv. impr.

CONSTANT (BENJAMIN DE).

46. Adolphe, anecdote trouvée dans les papiers d'un inconnu, et publiée par M. Benjamin Constant. *Paris, chez Treuttel et Würtz*, 1816. In-12, broché, non rogné.

Édition originale, rare.

CRÉMIEUX (HECTOR).

47. Orphée aux Enfers, opéra bouffon en deux actes et quatre tableaux, de M. Hector Crémieux, édition illustrée de 8 dessins de E. Morin, grav. par H. Linton. *Paris*, 1860. In-12, cart. non rogné.

DELAVIGNE (CASIMIR).

48. Messéniennes et poésies diverses, par M. Casimir Delavigne. *Paris, Ladvocat*, 1824. Gr. in-8, papier vélin, double suite de figures de Devéria, sur blanc et sur chine, maroquin bleu, dent. sur les plats, doublé de veau rose, dent. à petits fers, non rogné. (*Vogel*.)

---

49. DODECATON, OU LE LIVRE DES DOUZE (par G. Sand, Mérimée, Loève-Veimars, Léon Gozlan, Alfred de Vigny, Alexandre Dumas, Jules Janin, Auguste Barbier, Alfred de Musset, de Stendhal, Émile Souvestre, Dufougeray). *Paris, Victor Magen*, 1847. 2 vol. in-8, cart. non rognés.

DUMAS (Alexandre).

50. Henri III et sa cour, drame historique en cinq actes et en prose, par Alexandre Dumas. *Paris,* 1829. In-8, broché, n. r. couv. imprim.

Édition originale.

51. Antony, drame en cinq actes, en prose, par Alexandre Dumas. *Paris,* 1831. In-8, dos et coins de maroq. rouge, non rogné.

Édition originale.

52. La Tour de Nesles, drame en cinq actes et en neuf tableaux, par MM. Gaillardet et ***. *Paris, J.-N. Barba,* 1832. In-8, dos et coins de maroq. brun, non rogné.

Édition originale.

53. Richard Darlington, drame en trois actes et en prose, précédé de la Maison du docteur, prologue, par MM. Dinaux (Alexandre Dumas, Dinaux et Goubaux). *Paris,* 1832. In-8, cart. non rogné.

Édition originale.

54. Un Mariage sous Louis XV, comédie en cinq actes, par Alexandre Dumas. *Paris, Marchant,* 1841. In-8, cart.

Édition originale.

55. Les Trois Mousquetaires, par Alexandre Dumas. *Paris, Baudry,* 1844. 8 vol. in-8, brochés, couv. impr.

Édition originale.

DUMAS (Alexandre, fils).

56. La Dame aux Camélias, par Alexandre Dumas fils. *Paris, Alexandre Cadot,* 1848. 2 vol. in-8, brochés, couv. impr.

Édition originale. Exemplaire avec envoi autog. signé

57. Un Cas de Rupture, par Alexandre Dumas fils. *Paris,* 1854. Pet. in-12, cart. non rogné.

Édition originale. Très rare.

58. Le Demi-Monde, comédie en cinq actes, en prose, par A. Dumas fils. *Paris,* 1855. In-12, cart. non rogné.

    Édition originale.

FEUILLET (Octave).

59. La Crise, comédie en quatre parties, par Octave Feuillet. *Paris,* 1854. In-12, cart. non rogné.

    Édition originale.

60. Le Roman d'un jeune homme pauvre, comédie en cinq actes et sept tableaux, par Octave Feuillet. *Paris,* 1859. In-12, cart. toile.

    Édition originale. Exemplaire portant l'envoi suivant : A monsieur Chaumont, à son zèle si parfait, à son talent si élevé, à son succès mérité, l'auteur reconnaissant, Octave Feuillet.

FEYDEAU (Ernest).

61. Fanny, étude, par Ernest Feydeau. *Paris,* 1858. Gr. in-8, cart. non rogné.

    Édition originale, un des cent exemplaires tirés sur papier de Hollande.

FLAUBERT (Gustave).

62. Madame Bovary, mœurs de province, par Gustave Flaubert. *Paris, Michel Lévy,* 1857. In-12, dos et coins de mar. vert. non rogné.

    Édition originale, portrait ajouté. Exemplaire en grand papier de Hollande. Très rare.

63. Salambô, par Gustave Flaubert. *Paris,* 1863. In-8, cart. non rogné.

    Édition originale.

64. La Tentation de saint Antoine, par Gustave Flaubert. *Paris, Charpentier et Cie,* 1874. In-8, cart. non rogné.

    Édition originale.

---

65. Les Français peints par eux-mêmes, encyclopédie morale du xixe siècle. *Paris, Curmer,* 1842. 8 vol. gr. in-8, figures noires, demi-chagr. non rog.

GAUTIER (Théophile).

66. Les Jeunes-France, romans goguenards, par Théophile Gautier. *Paris, Eugène Renduel,* 1833. In-8, frontisp. de Célestin Nanteuil, dos et coins de maroq. rouge, non rog.
    Édition originale.

67. Mademoiselle de Maupin, double amour, par Théophile Gautier, auteur des Jeunes-France. *Paris, Eugène Renduel,* 1835. 2 vol. in-8, demi-veau. (*Rel. de l'époque.*)
    Édition originale.

68. Fortunio, par Théophile Gautier. *Paris, Delloye,* 1840. In-12, figure par Daubigny et Trimolet, demi-veau.

69. Les Grotesques, par Théophile Gautier. *Paris, Desessart,* 1844. 2 vol. in-8, couv. impr. cart. non rog.
    Édition originale.

70. Militona, par Théophile Gautier. *Paris, Desessart,* 1847. In-8, couv. impr. cart. non rogné.
    Édition originale.

71. Constantinople, par Théophile Gautier. *Paris,* 1854. In-12, broché, n. r. couv. impr.
    Édition originale.

72. Émaux et Camées, par Théophile Gautier, seconde édition augmentée. *Paris, Poulet-Malassis et de Broise,* 1858. In-12, frontisp. gravé, pap. de Hollande, cart. non rogné.

73. Le Capitaine Fracasse, par Théophile Gautier, illustré de 60 dessins de Gustave Doré. *Paris, Charpentier,* 1866. Gr. in-8, demi-maroq. rouge, non rogné.

GAVARNI.

74. Le Diable à Paris, illustrations de Gavarni, Bertall, Champin, d'Aubigny, Français. *Paris, Hetzel,* 1845. 2 vol. gr. in-8, cart. de l'éditeur, non rognés.

75. Les Joyaux, fantaisie par Méry, minéralogie des dames,

par le comte Fœlix. *Paris, de Gonet, s. d.* Gr. in-8, fig. de Gavarni, sur chine, dans un encadrement de dentelles, demi-mar. noir, tr. dor. nombreux témoins.

76. Les Parures, fantaisie par Gavarni, texte par Méry, histoire de la mode, par le comte Fœlix. *Paris, de Gonet, s. d.* Gr. in-8, fig. col. de Gavarni dans un encadrement de dentelles, demi-maroq. noir, tr. dor. nombreux témoins.

GŒTHE.

77. Faust, tragédie de M. de Gœthe, traduite en français par M. Albert Stapfer, ornée d'un portrait de l'auteur, et de dix-sept dessins, composés d'après les principales scènes de l'ouvrage et exécutés sur pierre par Eugène Delacroix. *Paris*, 1828. In-folio, cart. non rog.

78. Faust, tragédie de Gœthe, nouvelle traduction complète en prose et en vers, par Gérard (de Nerval). *Paris*, 1828. In-12, fig. au trait, cart. non rog.

79. Les Souffrances du jeune Werther, par Gœthe, traduction nouvelle ornée de trois gravures en taille-douce. *Paris, Didot l'aîné*, 1809. In-8, pap. vélin, cart. non rogné.
Figures de Moreau le jeune, avant et avec la lettre.

80. Les Souffrances du jeune Werther, par Gœthe, trad. par M. le comte Henri de la B. (Bédoyère). *Paris*, 1845. In-8, pap. vergé, fig. de Tony Johannot sur chine avant la lettre, et sur blanc avec la lettre, dos et coins de mar. bleu, tête dorée, n. r.

GOLDSMITH.

81. Le Vicaire de Wakefield, par Goldsmith, traduit en français avec le texte anglais en regard, par Charles Nodier. *Paris*, 1838. In-8, portrait sur chine et fig. de Tony Johannot et bois de Ch. Jacque, cart. non rogné.

GONCOURT (Edm. et J. de).

82. L'Amour au xviiie siècle, par Edm. et J. de Goncourt.

Paris, Dentu, 1873. In-8, pages encad. titre et vign. de Boilvin, cart. non rogné.

<small>On a ajouté à cet exemplaire la suite des titres et des vignettes en épreuves d'essai non terminées.</small>

83. Histoire de Marie-Antoinette, par Edmond et Jules de Goncourt. *Paris, Didot,* 1858. In-8, cart. non rog.

<small>Édition originale.</small>

GRANDVILLE.

84. Scènes de la Vie privée et publique des animaux, vign. par Grandville. *Paris, Hetzel,* 1842. 2 vol. gr. in-8, cart. de l'éditeur, tranches dorées.

85. Petites Misères de la Vie humaine, par Old Nick et Grandville. *Paris, Fournier,* 1843. In-8, figures, chagr. vert, tr. dor.

86. Cent Proverbes, par Grandville et par trois têtes dans un Bonnet. *Paris, H. Fournier,* 1845. Gr. in-8, fig. cart. de l'éditeur non rogné.

GRANIER DE CASSAGNAC.

87. Danaé, par A. Granier de Cassagnac. *Paris,* 1840. In-8, cart. non rogné.

<small>Édition originale.</small>

HEINE (Henri).

88. Œuvres de Henri Heine. — De la France. *Paris, Renduel,* 1833. 1 vol. — Reisebilder, 1834. 2 vol. — De l'Allemagne, 1835. 2 vol. — Ensemble 5 vol. in-8 brochés, n. r.

<small>Éditions originales.</small>

HOFFMANN.

89. Contes fantastiques de Hoffmann, précédés de souvenirs intimes sur la Vie de l'auteur, par Christian, illustrés par Gavarni. *Paris, Lavigne,* 1843. Gr. in-8, cart. non rogné.

DU XIXᴱ SIÈCLE.

HUGO (VICTOR).

90. Odes et Poésies diverses, par Victor-M. Hugo. *A Paris, chez Pélicier,* 1822. In-12, mar. rouge, jans. dent. int. tr. dor. (*Cuzin.*)

Édition originale. Très bel exemplaire relié sur brochure.

91. Han d'Islande (par V. Hugo). *Paris, chez Persan,* 1823. 4 vol. in-12, cart. non rognés.

Édition originale.

92. Nouvelles Odes, par V. Hugo. *Paris,* 1824. In-12, mar. rouge, jans. dent. int. tr. dor. (*Cuzin.*)

Édition originale.

93. Odes et Ballades, par V. Hugo. *Paris,* 1826. In-12, frontispice, avant et avec la lettre, mar. rouge, jans. dent. int. tr. dor. (*Cuzin.*)

Édition originale.

94. Bug-Jargal, par l'auteur de Han d'Islande (V. Hugo). *Paris, Urbain Canel,* 1826. In-12, figure sur chine, cart. non rogné.

Édition originale.

95. Cromwell, drame, par Victor Hugo. *Paris, Ambroise Dupont,* 1828. In-8, cart. non rogné.

Édition originale.

96. Les Orientales, par Victor Hugo. *Paris,* 1829. In-8, vignette sur le titre et figure sur chine, mar. rouge, jans. dent. int. tr. dor. (*Cuzin.*)

Édition originale. Bel exemplaire avec envoi autographe : A M. Colin, son ami V. H.

97. Le Dernier Jour d'un condamné (par V. Hugo). *Paris,* 1829. In-12, fac-simile, cart. non rogné.

Édition originale.

98. Hernani, ou l'Honneur castillan, drame par Victor Hugo, représenté, sur le Théâtre-Français, le 25 février 1830.

Paris, Mame et Delaunay-Vallée, libraires, 1830. In-8, cart. non rogné.

> Édition originale.

99. Notre-Dame de Paris. *Paris, Charles Gosselin,* 1831. 2 vol. in-8, mar. rouge, compart. de filets sur le dos et les plats, dent. int. tr. dor. (*Cuzin.*)

> Édition originale. Superbe exemplaire.

100. Œuvres complètes de Victor Hugo. — Romans. — Notre-Dame de Paris, huitième édition. *Paris, Eugène Renduel,* 1832. 3 vol. in-8, cart. non rognés.

> Première édition complète.

101. Notre-Dame de Paris, par Victor Hugo. *Paris, Eugène Renduel*, 1836. In-8, figures sur chine, avant la lettre, veau compart. à froid sur les plats, tr. dor.

102. Les Feuilles d'automne, par Victor Hugo. *Paris, Eugène Renduel,* 1832. In-8, mar. rouge, jans. dent. int. tr. dor. (*Cuzin.*)

> Édition originale. Très rare. Superbe exemplaire, relié sur brochure et possédant le second titre : les Feuilles d'Automne. Novembre 1831. Tirage à part du fleuron, ajouté.

103. Le Roi s'amuse, drame, par Victor Hugo. *Paris, Renduel,* 1832. In-8, frontisp. de Célestin Nanteuil, cart. non rogné.

> Édition originale.

104. Œuvres de Victor Hugo. — Drames. — Marie Tudor. *Paris, Renduel,* 1833. In-8, frontisp. de Célestin Nanteuil, cart. non rogné.

> Édition originale.

105. Lucrèce Borgia, drame, par Victor Hugo. *Paris, Eug. Renduel,* 1833. In-8, frontisp. de Célestin Nanteuil, cart. non rogné.

> Édition originale.

106. Œuvres complètes de Victor Hugo. — Poésie. — Les

CHANTS DU CRÉPUSCULE. *Paris, Eug. Renduel,* 1835. In-8, cart. non rog.

<small>Édition originale.</small>

107. Œuvres de Victor Hugo. — Drame. — ANGELO, TYRAN DE PADOUE. *Paris, Eug. Renduel,* 1835. In-8, cart. toile.

<small>Édition originale.</small>

108. Œuvres complètes de Victor Hugo. — Poésie. — LES VOIX INTÉRIEURES. *Paris, Renduel,* 1837. In-8, cart. n. rog.

<small>Édition originale. Exemplaire avec envoi d'auteur : A Monsieur le C. de Tilly. V. H.</small>

109. Œuvres complètes de Victor Hugo. — Drame. — RUY BLAS. *Paris, Delloye,* 1838. In-8, cart. n. rog.

<small>Édition originale.</small>

110. Œuvres complètes de Victor Hugo. — Poésie. — LES RAYONS ET LES OMBRES. *Paris, Delloye,* 1840. In-8, cart. n. rog.

<small>Édition originale.</small>

111. Les Burgraves, trilogie, par Victor Hugo. *Paris, Michaud,* 1843. In-8, cart. n. rog.

<small>Édition originale.</small>

112. Le Rhin. Lettres à un ami, par Victor Hugo. Nouvelle édition, augmentée d'un volume inédit. *Paris, Jules Renouard et C*, 1843. 4 vol. in-8, cart. n. rog.

113. La Légende des Siècles, par Victor Hugo. *Paris,* 1859. 2 vol. in-8, cart. n. rog.

<small>Édition originale.</small>

114. La Légende des Siècles. Nouvelle série, par V. Hugo. *Paris,* 1877. 2 vol. in-8, br.

<small>Édition originale.</small>

115. Les Chansons des rues et des bois, par Victor Hugo. *Paris,* 1866. In-8, br.

<small>Édition originale.</small>

116. La Pitié suprême, par Victor Hugo. *Paris,* 1879. In-8, br. couv. impr.

<small>Édition originale.</small>

117. L'Ane, par Victor Hugo. *Paris,* 1880. In-8, br. couv. impr.

    Édition originale.

JANIN (JULES).

118. L'Été à Paris, par Jules Janin. *A Paris, chez Curmer.* Gr. in-8, fig. sur acier et vignettes dans le texte, demi-veau, n. rog.

LABICHE (EUGÈNE).

119. Le Voyage de Monsieur Perrichon, comédie en quatre actes, par MM. Eugène Labiche et Édouard Martin. *Paris,* 1860. In-12, cart. n. rog.

    Édition originale.

LAMARTINE (A. DE).

120. Méditations poétiques (par A. de Lamartine). *Paris,* 1820. In-8, cart. n. rog.

    Édition originale. Très rare. Superbe exemplaire.

121. Nouvelles Méditations poétiques, par Alphonse de Lamartine. *Paris,* 1823. In-8, dos et coins de maroq. vert, n. rog.

    Édition originale.

122. Nouvelles Méditations poétiques, par Alphonse de Lamartine. *Paris, Urbain Canel,* 1823. In-8, couv. impr. cart. n. rog.

    Édition originale.

123. La Mort de Socrate, poème, par A. de Lamartine. *Paris,* 1823. In-8, br. couv. impr.

    Édition originale.

124. Le Dernier Chant du pèlerinage d'Harold, par Alph. de Lamartine. *Paris,* 1825. In-8, cart. n. rog.

    Édition originale.

125. Harmonies poétiques et religieuses, par Alphonse de

Lamartine. *Paris, Ch. Gosselin,* 1830. 2 vol. in-8, demi-veau. (*Rel. de l'époque.*)

   Édition originale.

126. Jocelyn, épisode. Journal trouvé chez un curé de village, par Alphonse de Lamartine. *Paris, Charles Gosselin et Furne,* 1836. 2 vol. in-8, cart. n. rog.

   Édition originale.

127. La Chute d'un Ange, épisode, par Alphonse de Lamartine. *Paris, Charles Gosselin et W. Coquebert,* 1838. 2 vol. in-12, br.

   Édition originale.

128. Recueillements poétiques, par Alphonse de Lamartine. *Paris,* 1839. In-12, cart. n. rog.

   Édition originale.

129. Les Visions, par A. de Lamartine. *Paris, Michel Lévy frères,* 1853. In-16, br.

LAMENNAIS (F. DE).

130. Paroles d'un Croyant, par F. de La Mennais. *Paris, Renduel,* 1834. In-8, maroq. rouge, jans. dent. int. tr. dor. (*Cuzin.*)

   Édition originale. Très bel exemplaire relié sur brochure.

LASSALLE (A. DE).

131. L'Hôtel des Haricots, maison d'arrêt de la Garde nationale de Paris, par Albert de Lassalle. 70 dessins par Edmond Morin. *Paris, Dentu, s. d.* In-8, cart. n. rog.

LA TOUCHE (H. DE).

132. Fragoletta. Naples et Florence en 1799 (par H. de la Touche). *Paris, Le Vavasseur,* 1829. 2 vol. in-8, cart. n. rog.

   Édition originale.

LE SAGE.

133. Histoire de Gil Blas de Santillane, par Le Sage. Vignettes par Jean Gigoux. *Paris, Paulin,* 1835. Gr. in-8, demi-veau, n. rog.

134. Histoire de Gil Blas de Santillane, par Le Sage, illustrée par Jean Gigoux. — Lazarille de Tormès, trad. par Louis Viardot, illust. par Meissonier. *Paris, Dubochet,* 1846. Gr. in-8, cart. de l'éditeur, n. rog.

135. Histoire de Gil Blas de Santillane (par Le Sage), précédée d'une préface par H. Reynald. Treize eaux-fortes par R. de Los Rios. *Paris, Librairie des Bibliophiles,* 1879. 4 vol. in-12, br.

Exemplaire sur papier de Chine.

MAQUET (Auguste).

136. La Maison du Baigneur, drame en cinq actes et onze tableaux, par Auguste Maquet. *Paris,* 1864. In-12, cart. n. rog.

Édition originale. Exemplaire avec envoi d'auteur signé.

MÉRIMÉE.

137. 1572. Chronique du temps de Charles IX, par l'auteur du Théâtre de Clara Gazul. *Paris,* 1829. In-8, br. couv. impr. n. rog.

Édition originale.

138. Chronique du règne de Charles IX, par Prosper Mérimée, illustrée de trente et une compositions dessinées et gravées à l'eau-forte par Edmond Morin. *Paris, imprimé pour les Amis des Livres par G. Chamerot,* 1876. 2 vol. gr. in-8, couv. impr. demi-maroq. n. rog.

Exemplaire auquel on a ajouté les figures en épreuves non terminées tirées à part et les figures refusées.

139. La Double Méprise, par l'auteur du Théâtre de Clara

Gazul (Mérimée). *Paris, Fournier*, 1833. In-8, cart. non rog.

Édition originale.

140. Mosaïque, par l'auteur du Théâtre de Clara Gazul. *Paris*, 1833. In-8, broché, non rog.

Édition originale.

141. Colomba, par Prosper Mérimée. *Paris*, 1841. In-8, broché, non rog. conv. impr.

Édition originale.

142. Lettres d'une inconnue, par Prosper Mérimée, précédées d'une étude sur Mérimée, par A. Taine. *Paris*, 1874. 2 vol. in-8, br.

Édition originale.

MONNIER (Henry).

143. Grandeur et décadence de Joseph Prudhomme, comédie en cinq actes, par Henry Monnier et Gustave Vaez. *Paris*, 1853. In-12, cart. non rog.

MURGER (Henry).

144. Scènes de la Bohème, par Henry Murger. *Paris*, 1851. In-12, cart. non rog.

Édition originale.

145. La Vie de Bohème, pièce en cinq actes, par Henry Murger et Th. Barrière. *Paris*, 1851. In-12, cart. non rogné.

Édition originale.

MUSÆUS.

146. I. K. A. Musäus. Volfsmæhrchen der Deutschen, etc. *Leipsig*, 1842. Gr. in-8, nombr. figures, demi-rel. bas.

Première édition avec les épreuves tirées sur les bois des gravures de Richter et autres.

147. Contes populaires de l'Allemagne, par Musæus, traduits par A. Cerfberr de Mendelsheim, édition illustrée de

500 vignettes allemandes. *Paris*, 1846. 2 séries en 1 vol. in-8, demi-chagr. non rog.

MUSSET (Alfred de).

148. L'Anglais mangeur d'opium, traduit de l'anglais par A. D. M. (Alfred de Musset). *Paris, Mame et Delaunay-Vallée*, 1828. In-12, veau vert, dent. à froid sur les plats, tr. marb. (*Reliure de l'époque.*)

149. Contes d'Espagne et d'Italie, par M. Alfred de Musset. *Paris, Levavasseur et Urbain Canel*, 1830. In-8, maroq. rouge, jans. dent. int. tr. dor. (*Cuzin.*)

Édition originale. Exemplaire relié sur brochure.

150. Un Spectacle dans un fauteuil, par Alfred de Musset. *Paris*, 1833-1834. 3 vol. in-8, maroq. rouge, jans. dent. int. tr. dor. (*Cuzin.*)

Édition originale. Exemplaire relié sur brochures.

151. La Confession d'un Enfant du siècle, par Alfred de Musset. *Paris, Félix Bonnaire*, 1836. 2 vol. in-8, cart. non rog.

Édition originale.

152. Les Deux Maîtresses, par Alfred de Musset. *Paris, Dumont*, 1840. — Frédéric et Bernerette. *Paris*, 1840. Ensemble 2 vol. in-8, maroq. rouge, jans. dent. int. tr. dor. (*Reymann.*)

Édition originale. Très rare.

153. Voyage où il vous plaira, par Tony Johannot, Alfred de Musset et P.-J. Stahl. *Paris, Hetzel*, 1843. In-4, fig. de Tony Johannot, demi-chag. ébarbé.

154. Un Caprice, comédie en un acte, par Alfred de Musset. *Paris*, 1847. In-12, broché, couv. impr.

Édition originale.

155. Nouvelles, par Alfred et Paul de Musset. Pierre et Camille. Le Secret de Javotte. Fleurances. Deux mois de

Séparation. *Paris, V. Magen,* 1848. In-8, maroquin rouge, jans. dent. int. tr. dor. (*Reymann.*)

<small>Édition originale. Superbe exemplaire.</small>

156. Il faut qu'une porte soit ouverte ou fermée, proverbe par Alfred de Musset. *Paris*, 1848. In-12, broché, couv. impr.

<small>Édition originale.</small>

157. Le Chandelier, comédie en trois actes, par Alfred de Musset. *Paris*, 1848. In-12, broché, couv. impr.

<small>Édition originale.</small>

158. Il ne faut jurer de rien, comédie en trois actes et en prose, par Alfred de Musset. *Paris*, 1848. In-12, broché, couv. impr.

<small>Édition originale.</small>

159. Louison, comédie en deux actes et en vers, par Alfred de Musset. *Paris*, 1849. In-12, broché, couv. imp.

<small>Édition originale.</small>

160. L'Habit vert, proverbe en un acte, par MM. Alfred de Musset et Émile Augier. *Paris,* 1849. In-12, cart.

<small>Édition originale.</small>

161. Les Caprices de Marianne, comédie en deux actes et en prose, par Alfred de Musset. *Paris,* 1851. In-12, cart. non rogné.

<small>Édition originale.</small>

162. Bettine, comédie en un acte et en prose, par Alfred de Musset. *Paris*, 1851. In-12, broché, couv. impr.

<small>Édition originale.</small>

163. André del Sarto, drame en deux actes et en prose, par Alfred de Musset. *Paris*, 1851. In-12, broché, couv. impr.

<small>Édition originale.</small>

164. Histoire d'un Merle blanc, par Alfred de Musset, suivi de l'Oraison funèbre d'un Ver à soie, et de A quoi tient le

cœur d'un lézard, par P.-J. Stahl (Hetzel). *Paris, Hetzel, Blanchard*, 1853. In-16, br.

165. Mademoiselle Mimi Pinson, profil de grisette, par Alfred de Musset, suivi de Conseils à une Parisienne, Marie, Rappelle-toi, Adieu Suzon, du même auteur. *Paris, Hetzel, Blanchard*, 1853. In-16, br.

166. On ne badine pas avec l'Amour, comédie en trois actes et en prose, par Alfred de Musset. *Paris*, 1861. In-12, broché, couv. impr.

Édition originale.

167. Carmosine, comédie en trois actes, en prose, par Alfred de Musset. *Paris*, 1865. In-12, broché, couv. imp.

Édition originale.

168. Fantasio, comédie en trois actes, en prose, par Alfred de Musset. *Paris*, 1866. In-12, broché, couv. imp.

Édition originale.

NODIER (Charles).

169. Poésies diverses de Ch. Nodier, recueillies et publiées par M. Delangle. *Paris*, 1827. In-12, veau violet, tête dorée, non rogné.

Exemplaire avec cet envoi autographe : Si ce petit livre valait la peine d'être offert, je l'aurais offert à mon ami Alphonse de Cailleux. Charles Nodier.

170. Histoire du Roi de Bohème et de ses Sept Châteaux (par Ch. Nodier). *Paris, Delangle frères*, 1830. Gr. in-8, vignettes, dos et coins de maroq. brun, tête dorée, non rog.

NORIAC (Jules).

171. Le 101ᵉ Régiment, par J. Cayron (Noriac). *Paris, librairie nouvelle*, 1858. In-18, cart. non rogné.

Édition originale. Exemplaire avec envoi autogr. : A Émile Gagneur, témoignage de bonne camaraderie, C. Noriac.

172. Le 101ᵉ Régiment, par Jules Noriac, illustré par Ar-

mand-Dumarescq, G. Janet, Pelcoq, Morin et Deux Étoiles. *Paris, Michel Lévy frères,* 1863. In-8, demi-veau, tête dorée, non rogné.

Première édition illustrée.

PLANCHE (Gustave).

173. Portraits littéraires, par Gustave Planche. *Paris,* 1836. 2 vol. in-8, brochés, couv. impr.

174. La Pléiade, ballades, tableaux, nouvelles et légendes. *Paris, Curmer,* 1842. In-8, figures, demi-maroq. rouge, non rogné, reliure de l'époque.

Magnifique exemplaire.

PONSARD (François).

175. Lucrèce, tragédie en cinq actes et en vers, par M. Ponsard. *Paris,* 1843. In-8, cart. non rogné.

Édition originale.

176. Agnès de Méranie, tragédie en cinq actes et en vers, par F. Ponsard. *Paris, Furne,* 1847. In-8, cart. non rog.

Édition originale avec envoi d'auteur : A M. de Sacy. Hommage de l'auteur. Fr. Ponsard.

177. L'Honneur et l'Argent, comédie en cinq actes et en vers, par F. Ponsard. *Paris,* 1853. In-12, cart. non rog.

Édition originale.

178. La Bourse, comédie en cinq actes en vers, par François Ponsard. *Paris,* 1856. In-12, cart. non rogné.

Édition originale.

179. Le Prisme, encyclopédie morale du dix-neuvième siècle, illustrée par MM. Daumier, Gagniet, Gavarni, Grandville, Malapeau, Meissonier, Pauquet, Penguilly, Raymond Pelez, Trimolet. *Paris, Curmer,* 1841. Gr. in-8, demi-chag. ébarbé.

QUATRELLES.

180. A Coups de fusil, par Quatrelles, ouvrage illustré de

trente dessins originaux hors texte par A. de Neuville. *Paris,* 1877. In-4, cart. non rogné.

<small>Première édition à laquelle on a ajouté les deux figures nouvelles qui ont paru dans la deuxième.</small>

RENAN (ERNEST).

181. Vie de Jésus, par Ernest Renan. *Paris,* 1863. In-8, dos et coins de mar. rouge, tête dor. n. r.

<small>Édition originale. On y a ajouté les figures de Godefroy Durand en premières épreuves.</small>

REYBAUD (LOUIS).

182. Jérôme Paturot à la recherche d'une position sociale, par Louis Reybaud, édition illustrée par J.-J. Grandville. *Paris, Dubochet,* 1846. Gr. in-8, fig. demi-rel.

SAINTE-BEUVE.

183. Vie, poésies et pensées de Joseph Delorme. *Paris, Delangle frères,* 1829. In-12, cart. non rogné.

184. Vie, poésies et pensées de Joseph Delorme (par Sainte-Beuve). Nouvelle édition très augmentée. *Paris, Michel Lévy,* 1863. 2 vol. in-8, cart. non rog.

185. Volupté (par Sainte-Beuve). *Paris, Eug. Renduel,* 1834. 2 vol. in-8, demi-veau. (*Rel. de l'époque.*)

<small>Édition originale.</small>

SAINT-PIERRE (H. BERNARDIN DE).

186. Paul et Virginie, par H. Bernardin de Saint-Pierre. *Paris, Curmer,* 49, *rue Richelieu,* 1838. Gr. in-8. fig. cart. non rogné.

<small>Très bel exemplaire non piqué, dans le cartonnage blanc de l'éditeur.</small>

SAND (GEORGE).

187. Lélia, par George Sand. *Paris,* 1833. 2 vol. in-8, dos et coins de maroq. rouge non rognés.

<small>Édition originale.</small>

188. Mauprat, par George Sand. *Paris, Félix Bonnaire,* 1837. 2 vol. in-8, portrait par Calamatta, demi-veau. (*Rel. de l'époque.*)

Édition originale

189. Lettres d'un Voyageur, par George Sand. *Paris, Félix Bonnaire,* 1837. 2 vol. in-8, cart. non rognés.

Édition originale.

190. La Mare au diable, par George Sand. *Paris,* 1846. 2 vol. in-8, brochés.

Édition originale.

191. François le Champi, comédie en trois actes et en prose, par George Sand. *Paris,* 1849. In-12, cart. non rogné.

Édition originale.

192. La Petite Fadette, comédie-vaudeville en deux actes tirée du roman de George Sand, par MM. Anicet Bourgeois et Ch. Lafont. *Paris,* 1850. In-12, cart. non rog.

Édition originale.

193. Claudie, drame en trois actes et en prose, par George Sand. *Paris,* 1851. In-12, cart. non rogné.

Édition originale.

194. Le Pressoir, drame en trois actes, par George Sand. *Paris,* 1853. In-12, cart. non rogné.

Édition originale.

195. Elle et Lui, par George Sand. *Paris, Hachette,* 1859. In-12, cart. toile non rog. couv. impr.

Édition originale.

196. Le Marquis de Villemer, comédie, par George Sand. *Paris, Michel Lévy frères,* 1864. In-8, br.

Édition originale.

SANDEAU (Jules).

197. Mademoiselle de la Seiglière, comédie en quatre actes

et en prose, par Jules Sandeau. *Paris,* 1851. In-12, couv. impr. cart. non rogné.
<small>Édition originale.</small>

198. Olivier, par Jules Sandeau. *Paris,* 1854. In-18, broché n. r.

SARDOU (Victorien).

199. La Taverne, comédie en trois actes et en vers, par Victorien Sardou. *Paris, D. Giraud,* 1854. In-12, cart. toile n. rog.
<small>Édition originale. — Exemplaire avec envoi autogr. signé : *A Monsieur Camille Doucet, l'auteur reconnaissant et respectueusement dévoué.* Victorien Sardou.</small>

200. La Perle noire, comédie en trois actes, en prose, par Victorien Sardou. *Paris,* 1862. In-12, cart. non rogné.
<small>Édition originale.</small>

201. Victorien Sardou. Les Vieux Garçons, comédie. — La Famille Benoiton, comédie. — Nos Bons Villageois, comédie. — Maison neuve, comédie. *Paris, Michel Lévy frères,* 1865-67. Ensemble 4 pièces cart. n. rog.
<small>Éditions originales.</small>

202. Rabagas, comédie en cinq actes en prose, par V. Sardou. *Paris,* 1872. In-8, cart. non rogné.
<small>Édition originale. Lettre autog. ajoutée.</small>

SCHMIT (J.-P.).

203. Les Deux Miroirs, contes pour tous, par J.-P. Schmit, illustrations de MM. Gavarni, C. Nanteuil, Français, Schlesinger, J.-P. Schmit, de Beaumont, Bertrand. *Paris, Royer,* 1844. Gr. in-8, cart. ébarbé.

SCRIBE (Eugène).

204. Bertrand et Raton, ou l'Art de conspirer, comédie en cinq actes et en prose, par M. Eugène Scribe. *Paris, Barba,* 1833. In-8, couv. impr. cart. non rogné.
<small>Édition originale.</small>

205. La Camaraderie, ou la Courte Échelle, comédie en cinq actes et en prose, par M. E. Scribe, de l'Académie française. *Paris,* 1837. In-8, couv. imprim. cart. non rogné. Figure très-rare par Gavarni, ajoutée.

Édition originale.

206. La Calomnie, comédie en cinq actes et en prose, par M. Eugène Scribe. *A Paris, Henriot,* 1840. In-8, br.

Édition originale.

207. Maurice, par Eugène Scribe, de l'Académie française. *Paris,* 1850. In-8, cart. non rogné.

Édition originale.

SILVESTRE (Théophile).

208. Histoire des artistes vivants, français et étrangers, études d'après nature, par Théophile Silvestre. *Paris,* 1856. Gr. in-8, orné de 11 portraits gravés sur acier, cart. non rog.

STAEL (Mme de).

209. Corinne, ou l'Italie, par Mme de Staël-Holstein. *Paris,* 1807. 2 vol. in-8, pap. vélin, portrait, maroq. brun dent. int. tr. dor. (*Rel. de l'époque.*)

Édition originale.

STENDHAL (de).

210. De l'Amour (par Stendhal). *Paris,* 1822. 2 vol. in-12, demi-chag. non rog.

Édition originale.

211. Le Rouge et le Noir, chronique du xixe siècle, par M. de Stendhal. *Paris, Levavasseur,* 1831. 2 vol. in-8, cart. non rognés.

Édition originale.

212. L'Abbesse de Castro, par M. de Stendhal. *Paris, Dumont,* 1839. In-8, broché non coupé, couv. imprim.

Édition originale.

SUE (EUGÈNE).

213. Le Juif Errant, par Eugène Sue. édition illustrée par Gavarni. *Paris, Paulin,* 1845. 4 vol. gr. in-8, couv. imp. fig. cart. non rog.

   Exemplaire entièrement de premier tirage.

SWIFT.

213 *bis*. Voyages de Gulliver dans les contrées lointaines, par Swift, édition illustrée par Grandville. *Paris,* 1838. 2 vol. in-8, fig. demi-rel. maroq. avec coins non rog. (*Rel. de l'époque.*)

VIGNY (ALFRED DE).

214. Cinq-Mars, ou une Conjuration sous Louis Treize, par le comte Alfred de Vigny. *Paris,* 1826. 2 vol. in-8. brochés n. r. couv. imp.

   Édition originale.

215. Cinq-Mars, ou une Conjuration sous Louis XIII, par le comte Alfred de Vigny, cinquième édition, précédée de Réflexions sur la Vérité dans l'Art. *Paris,* 1833. 2 vol. in-8, maroq. la Vallière, ornem. dorés sur les plats, dent. int. tr. dor. (*Simier, rel. du Roi.*)

216. Le More de Venise, tragédie traduite de Shakespeare, en vers français, par le comte Alfred de Vigny, et représentée à la Comédie-Française le 24 octobre 1829. *Paris.* 1830, in-8, cart. non rogné.

   Édition originale.

217. Servitude et Grandeur militaires, par le comte Alfred de Vigny. *Paris,* 1835, in-8, cart. non rogné.

   Édition originale.

WALDOR (Mme MÉLANIE).

218. Les Lys et les Roses, album, paroles de Mme Mélanie Waldor, musique de Mlle Octavie Romoy, illustré par Gavarni. *Paris, s. d.* In-4, cart.

ZOLA (ÉMILE).

219. Thérèse Raquin, drame en quatre actes. *Paris*, 1875, in-12, cart. non rogné. (*Première édition.*)

220. L'Assommoir, par Émile Zola. *Paris*, 1877, in-12, broché neuf.
    Édition originale. Exemplaire sur papier de Hollande.

221. Nana, par Émile Zola. *Paris*, 1880, in-12, broché neuf.
    Édition originale. Exemplaire sur papier de Hollande.

---

222. Collection de M. John W. Wilson, 3ᵉ édition, illustrée de 68 eaux-fortes. *Paris*, 1873. In-4, dos et coins de maroq. rouge, n. rog.
    Un des quarante exemplaires sur papier Whatman, avec épreuves avant toutes lettres pour les treize gravures nouvelles.

223. Vues pittoresques de l'Écosse, dessinées d'après nature, par F.-A. Pernot, lithographiées par Bonington, Paul Delaroche, etc. *Paris*, 1826. Gr. in-8, épreuves sur chine, cart. non rog.
    Plusieurs des lithographies de Bonington sont avant la lettre.

224. Paris-Londres, Keepsake français, 1837; nouvelles inédites, illustrées de vingt-six vignettes, gravées à Londres par les meilleurs artistes. *Paris, Delloye, Desmé*, gr. in-8, figures, demi-rel. chagr. vert, non rog.

225. National Portrait Gallery of illustrious and eminent personages of the nineteenth Century, with memoirs, by Williams Jerdan Esq. *London*, 1830, 3 vol. in-4, portraits grav. sur acier, demi-maroq. non rog.

226. The great civil War of the times of Charles I and Cromwell by the Rev. Richard Cattermole. *London, Fisher, son. S. d.* In-4, portr. et figures, cart. tr. dor.

227. Life in Paris, comprising the Rambles Sprees and

Amours of Dick Wildfire of corinthian celebrity and his Bang-up companion squire Jenkins and capitan O'Shuffleton with the whimsical Adventures of the Palibut Family. *London, John Fairburn,* 1822. In-8, figures de Cruikshank, cart.

228. **The Book of Gems.** — The Poets and Artists of great Britain. *London, Saunders and Otley,* 1836-37. 2 vol. in-8, figures, cart. n, rogn.

Superbes illustrations par les plus célèbres artistes anglais.

SECONDE PARTIE

BEAUX LIVRES ILLUSTRÉS DU XVIIIᵉ SIÈCLE
LIVRES ANCIENS RARES ET PRÉCIEUX. — ÉDITIONS ORIGINALES

229. ACEILLY (D'). Diverses petites poésies du chevalier d'Aceilly, premier volume. *A Paris, imprimé chez André Cramoisy,* 1668, *et se donnent au Palais.* In-12, maroq. citron, jans. dent. int. tr. dor. (*Cuzin.*)

230. Almanach des Grâces, étrennes érotiques chantantes ; dédié et présenté à Mᵐᵉ la comtesse d'Artois, pour l'année 1788. *Paris, Cailleau.* In-12, frontisp. gr. maroq. rouge, dos orné, fil. tr. dor. (*Rel. anc.*)

231. Les Amours de Mirtil. *A Constantinople,* 1761. Pet. in-8, veau marb. frontisp. et figures de Gravelot.

Bel exemplaire avec une double suite des figures en noir et en rouge. Très rare.

232. **ANACRÉON, SAPHO, BION et MOSCHUS**, traduction nouvelle en prose, suivie de la Veillée des fêtes de Vénus, et d'un choix de pièces de différens auteurs (par

Moutonnet-Clairfond). *A Paphos, et se trouve à Paris, chez Le Boucher,* 1773. In-8, fig. d'Eisen, veau fauve, fil. tr. dor. (*Rel. anc.*)

<small>Superbes épreuves des figures.</small>

233. Aquin de Chateau-Lyon. Contes mis en vers, par un petit cousin de Rabelais (d'Aquin de Château-Lyon). *Londres et Paris, Ruault,* 1775. In-8, titre gravé et une figure d'Eisen, gr. par de Launay, v. br.

234. Aubigné. Les Avantures du baron de Fæneste, comprinses en quatre parties, les trois premières reveues, augmentées et distinguées par chapitres : ensemble la quatriesme partie nouvellement mise en lumière par le mesme autheur (A. d'Aubigné). *Au Dézert,* 1630. In-8, maroq. rouge, jans. dent. int. tr. dor. (*Reymann.*)

<small>Édition originale.</small>

235. Boccace. Il Decamerone di M. Giovanni Boccacio. *Londra,* 1757. 5 vol. in-8, front. et fig. de Gravelot, v. éc. tr. dor.

<small>Belles épreuves des figures La reliure est fatiguée.</small>

236. BOILEAU. Satires du sieur D*** (Boileau-Despréaux). *A Paris, chez Claude Barbin,* 1666. In-12, frontisp. gravé, maroq. rouge, dos orné, fil. tr. dor. (*Cuzin.*)

<small>Édition originale fort rare. Très bel exemplaire.</small>

237. Boileau. Œuvres diverses du sieur D*** (Boileau), avec le traité du Sublime ou du Merveilleux dans le discours, trad. du grec de Longin. *A Paris, chez Denys Thierry,* 1674. In-4, frontisp. et fig. maroq. rouge, jans. dent. int. tr. dor. (*Reymann.*)

<small>Édition originale.</small>

238. Boileau. Œuvres diverses du sieur Boileau-Despréaux. *Paris,* 1701. In-4, frontisp. et fig. maroq. rouge, jans. dent. int. tr, dor. (*Cuzin.*)

<small>Édition dite favorite.</small>

239. Boileau. Œuvres diverses du sieur Boileau-Despréaux, avec le traité du Sublime ou du Merveilleux dans le dis-

cours. *Paris, chez Denys Thierry*, 1701. 2 vol. in-12, fig. maroq. rouge, jans. dent. int. tr. dor. (*Reymann.*)

<small>Dernière édition donnée par l'auteur.</small>

240. Boileau. Œuvres de M. Boileau-Despréaux, avec les éclaircissemens historiques donnez par lui-même. *Genève,* 1716. 2 tomes en 1 vol. in-4, portrait et fig. maroq. rouge, jans. dent. int. tr. dor. (*Reymann.*)

<small>Exemplaire en grand papier.</small>

241. Boissy (de). Le je ne sçai quoi, comédie de M. de Boissy. *A Paris, chez Pierre Prault,* 1731. In-8, fig. cart. toile.

242. BOSSUET. Discours sur l'histoire universelle, à Mgr le Dauphin, pour expliquer la suite de la Religion et le Changement des Empires, par messire Jacques-Bénigne Bossuet. *A Paris, chez Sébastien Mabre-Cramoisy,* 1681. Gr. in-4, maroq. tête de nègre, jans. dent. int. tr. dor. (*Cuzin.*)

<small>Édition originale. Superbe exemplaire en grand papier.</small>

243. Le Bouffon de la Cour, ou Remède préservatif contre la Mélancolie. *A Paris, chez Claude Barbin, au signe de la Croix (Hollande),* 1690. Pet. in-12, front. gravé, maroq. rouge, dos orné, fil. dent. int. tr. dor. (*Reymann.*)

<small>Hauteur : 128 mill.</small>

244. Boufflers. La Reine de Golconde, conte, par S.-J. de Boufflers. *S. l.* 1761. In-8 de 47 pages, titre gravé, demi-cart. toile.

<small>Édition originale.</small>

245. Bussy-Rabutin. Histoire amoureuse des Gaules, de Bussy-Rabutin. *S. L. N. D. (Hollande).* Pet. in-12, frontisp. gr. maroq. citron, dos orné, fil. dent. int. tr. dor. (*Thibaron.*)

<small>Bel exemplaire. Hauteur : 127 mill.</small>

246. Beaumarchais. Eugénie, drame en cinq actes en prose, enrichi de figures en taille-douce, avec un Essai sur le

drame sérieux, par M. de Beaumarchais. *Paris,* 1767. In-8, cart. non rogné.

Édition originale.

247. Beaumarchais, Mémoires de M. Caron de Beaumarchais. *S. L. N. D.* 2 vol. in-8, portrait et 2 frontispices de Marillier, cart. non rognés.

248. Beaumarchais. Le Barbier de Séville, ou la Précaution inutile, comédie en quatre actes, par M. de Beaumarchais. *Paris,* 1775. In-8, maroq. rouge, jans. dent. int. tr. dor. (*Reymann.*)

Édition originale. Exemplaire relié sur brochure.

249. Beaumarchais. La Folle Journée, ou le Mariage de Figaro, comédie en cinq actes, en prose, par M. de Beaumarchais. *De l'Imprimerie de la Société littéraire typographique, et se trouve à Paris, chez Ruault, libraire,* 1785. Gr. in-8, fig. de Saint-Quentin, gravées par Liénard, Halbou et Lingé, veau éc. fil. tr. dor. (*Rel. anc.*)

Bel exemplaire en grand papier, avec le feuillet d'errata qui manque souvent. Portrait de Beaumarchais par Leclair, ajouté.

250. Bernard. Œuvres de Bernard, ornées de gravures, d'après les desseins (*sic*) de Prud'hon. *Paris, Didot,* 1798. In-4, fig. veau fauve, tr. dor. (*Simier.*)

Exemplaire sur papier vélin.

251. Béroalde de Verville. Le Moyen de parvenir (de Béroalde de Verville), œuvre contenant la raison de tout ce qui a esté, est ou sera, imprimé cette année (*Amsterdam, D. Elzevir*). Pet. in-12, mar. rouge, dos orné, fil. doublé de maroq. citron, tr. dor. (*Drany.*)

Hauteur : 118 mill.

252. Béroalde de Verville. Le Moyen de parvenir (de Béroalde de Verville), nouvelle édition, corrigée de diverses fautes qui n'y étaient point et augmentées de plusieurs autres. *A Chinon, s. d. (Hollande, Elzevir.)* 2 tomes en 1 vol. pet. in-12, maroq. vert, dos orné, fil. à la Du Seuil, dent. int. tr. dor. (*Viedrée.*)

Bel exemplaire provenant des bibliothèques de Charles Nodier, Grésy, et du comte de La Gondie. Haut. : 130 mill.

253. BERQUIN. Idylles, par M. Berquin (*Paris, Ruault*), 1775. 2 tomes en 1 vol. pet. in-8, fig. — Romances, par M. Berquin. *Paris, Ruault,* 1776, pet. in-8, fig. et musique. Ensemble 2 vol. maroq. bleu, dos orné, fil. dent. int. tr. dor. (*Cuzin*.)

> Superbe exemplaire en papier de Hollande, relié sur brochure, avec toutes les figures de Marillier, avant les numéros.

254. DE CAHUSAC. Zénéide, comédie en un acte, en vers avec un divertissement, par M. de Cahusac. *Paris,* 1744. In-8, figure d'Eisen, cart.

255. CALLOT. Les Malheurs et les Misères de la Guerre, représentez par Jacques Callot, noble lorrain, et mis en lumière par Israel, son amy. *A Paris,* 1633. Pet. in-4 oblong de 18 planches, maroq. rouge, jans. dent. int. tr. dor. (*Cuzin*.)

> Très belles épreuves du second état.

256. CAZOTTE. Le Diable amoureux, nouvelle espagnole (par Cazotte). *A Naples (Paris),* 1772. In-8, figures, cart. non rogné.

> Édition originale.

257. CAZOTTE. Ollivier, poème (en prose), par Cazotte. *Paris, de l'imprimerie de Pierre Didot l'aîné, an VI,* 1798. 2 vol. petit in-12, figures, par Lefèvre, gravées par Godefroy, demi-rel. avec coins, v. fauv. non rog. (*Bauzonnet*.)

> Très bel exemplaire avec la suite des figures avant la lettre et 7 eaux-fortes.

258. CERVANTES. Vida y Hechos del Ingenioso Hidalgo Don Quixote de la Mancha, compuesta por Miguel de Cervantes. *En Haia,* 1744. 4 vol. in-12, jolies figures de Coypel, v. éc. fil.

259. CERVANTES. El Ingenioso Don Quixote de la Mancha, compuesto por Miguel de Cervantes Saavedra. *En Madrid,* 1780. 4 vol. in-4, frontisp. portraits, figures, vignettes et culs-de-lampe, veau éc. fil. tr. dor.

> Première édition de l'Académie de Madrid, imprimée par Harra. Bel exemplaire.

260. Cervantes. El Ingenioso Hidalgo Don Quixote de la Mancha, compuesto por Miguel de Cervantes Saavedra. *En Madrid, por don Gabriel de Sancha,* 1798. 9 vol. in-16, portr. et figures, bas.

<blockquote>Très jolies illustrations.</blockquote>

261. Cervantes. El Ingenioso Hidalgo D. Quijote de la Mancha, compuesto por Miguel de Cervantes Saavedra. *Madrid, en la Imprenta real,* 1819. 5 vol. in-8, figures, bas.

<blockquote>Très jolies illustrations.</blockquote>

262. Cervantes. L'Ingénieux Hidalgo Don Quichotte de la Manche, trad. et annoté par Louis Viardot, vignettes de Tony Johannot. *Paris, Dubochet,* 1836. 2 vol. gr. in-8, bas. non rogné.

263. Chateaubriand. Atala, ou les Amours de deux Sauvages dans le désert, par Fr.-Aug. de Chateaubriand. *Paris,* 1801. In-12, papier vélin, maroq. rouge, jans. dent. int. tr. dor. (*Reymann.*)

<blockquote>Édition originale. Rare.</blockquote>

264. Clotilde de Surville. Poésies de Marguerite-Éléonore-Clotilde (xv° siècle), publiées par Ch. Vanderbourg. *Paris,* 1803. In-8, maroq. bleu, dent. sur les plats, doublé de moire, tr. dor. (*Bozérian.*)

265. Collé. La Partie de Chasse de Henri IV, comédie en trois actes et en prose, avec quatre estampes en taille-douce, d'après les desseins (*sic*) de M. Gravelot, par M. Collé. *Paris,* 1766. In-8, fig. maroq. rouge, jans. dent. int. tr. dor. (*Reymann.*)

266. Commines. Les Mémoires de messire Philippe de Commines. *A Leide, chez les Elzeviers,* 1648. Pet. in-12, frontisp. gravé, maroq. bleu, dos orné, fil. dent. int. tr. dor. (*Cuzin.*)

<blockquote>Très bel exemplaire. Haut. : 130 mill. 1/2.</blockquote>

267. Coquelet. Le Roué vertueux, poème en prose, en quatre chants, propre à faire, en cas de besoin, un drame à jouer deux fois par semaine. Orné de gravures. Seconde édition, à laquelle on a joint la Lettre du jeune métaphy-

sicien. *Lausanne (Paris)*, 1770. In-8, fleuron sur le titre, frontisp. et figures, demi-rel. mar. rouge, tr. jasp.

268. CORNEILLE. Le Théâtre de Pierre Corneille, reveu et corrigé par l'autheur. *A Paris, chez Trabouillet,* 1682. 4 vol. in-12, frontisp. à chaque vol. maroq. rouge, dos orné, fil. dent. int. tr. dor. (*Cuzin.*)

<small>Très bel exemplaire.</small>

269. COTELLE. Liure de diuers Ornemens pour plafonds, cintres surbaissez, galleries et autres, de l'inuention de Jean Cotelle, peintre ordinaire du Roy. *Se vend chez l'autheur, rue Saint-Anthoine, porte Baudoyer, à l'Estoile d'or,* s. d. Pet. in-folio de 21 planches gravées, parch.

270. CRÉBILLON. Œuvres complètes de Crébillon, nouvelle édition, augmentée et ornée de belles figures (par Marillier). *Paris,* 1785. 3 vol. in-8, portrait et fig. cart. non rognés.

271. DAUPHIN. La Dernière Héloïse, ou Lettres de Julie Salisbury, recueillies et publiées par M. Dauphin, citoyen de Verdun. *A Paris,* 1784. 2 parties en 1 vol. in-8, frontisp. figures et fleurons, par Queverdo, veau marbr.

272. DE LA ROCQUE. Les Blasons des armes de la maison royale de Bourbon, et de ses alliances recherchées, par le sieur de La Rocque. *A Paris, chez Pierre Firens, s. d.* Pet. in-folio, figures noires et en couleurs, parch. ant.

273. DELILLE. L'Homme des Champs, ou les Géorgiques françoises, par Jacques Delille. *A Basle, chez Jacques Decker, de l'imprimerie de Levrault à Strasbourg,* 1800. In-8, pap. vélin, fig. de Guérin, AVEC ET AVANT LA LETTRE; maroq. bleu, jans. dent. int. tr. dor. (*Cuzin.*)

274. DESCAMPS. La Vie des Peintres flamands, allemands et hollandais, avec des portraits grav. en taille-douce par J.-B. Descamps. *Paris,* 1753. 4 vol. in-8. — Voyage pittoresque de la Flandre. *Paris,* 1769. 1 vol. Ensemble 5 vol. in-8, v. br.

275. Deshoulières. Poésies de Mme Deshoulières. *A Paris,*
1688. In-8, maroq. bleu, dos orné, fil. dent. int. tr. dor.
(*Reymann.*)

Édition originale.

276. Destouches. Le Glorieux, comédie en vers en cinq
actes, par M. Néricault-Destouches. *Paris,* 1732. In-12,
maroq. rouge, jans. dent. int. tr. dor. (*Reymann.*)|

Édition originale.

277. Diderot. Jacques le Fataliste et son Maître, par Diderot.
A Paris, chez Buisson, an Ve de la République. 2 vol. in-8,
cart. non rognés.

Édition originale.

278. Diderot. Le Neveu de Rameau, dialogue, ouvrage
posthume et inédit, par Diderot. *Paris,* 1821. In-8, portrait, cart. non rogné.

279. DORAT. Les Baisers, précédés du Mois de Mai, poème.
La Haye et Paris, Lambert et Delalain, 1770. In-8, grand
papier, frontispice, figure, vignettes et culs-de-lampe
d'Eisen, veau fauve, dos orné, fil. tr. dor. (*Rel. anc.*)

Superbe exemplaire. Magnifiques épreuves.

280. DORAT. Fables nouvelles (par Dorat). *A la Haye, et se
trouve à Paris, chez Delalain, rue de la Comédie-Françoise,*
1773. 2 tomes en 1 vol. in-8, grand papier, frontispices,
figures, vignettes et culs-de-lampe de Marillier, maroquin
bleu, dos orné, fil. dent. int. tr. dor. (*Cuzin.*)

Très bel exemplaire.

281. Érasme. L'Éloge de la Folie, traduit du latin d'Érasme,
par M. Gueudeville, nouvelle édition, revue et corrigée
sur le texte de l'édition de Basle, ornée de nouvelles
figures, avec des notes (par Meunier de Querlon). *S. l.
(Paris),* 1751. Pet. in-8, front. fleur. estampes, vign. et
cul-de-lampe par Eisen, gravés par Aliamet, de La Fosse,
etc., veau, tr. r.

282. Érasme. Éloge de la Folie, nouvellement traduit du

latin d'Érasme, par M. de La Veaux, avec les fig. de Jean Holbein, gravées d'après les dessins originaux. *A Basle*, 1780. In-8, pap. fort, fig. veau éc. fil. tr. dor.

283. (Féline.) Catéchisme des Gens mariés (par le P. Féline). *S. l. n. d. (Bayeux,* 1785). In-12, maroq. citron, jans. dent. int. tr. dor. (*Cuzin*.)

Très rare.

284. Fénelon. Éducation des Filles, par M. l'abbé de Fénelon. *Paris,* 1687. In-12, maroq. rouge, dos orné, fil. dent. int. tr. dor. (*Reymann*.)

Édition originale.

285. Fénelon. Les Avantures de Télémaque fils d'Ulysse, par feu messire François de Salignac de la Motte-Fénelon. *A Paris, chez Florentin Delaulne,* 1717. 2 vol. in-12, figures, maroq. rouge, dos orné, fil. dent. int. tr. dor. (*Cuzin*.)

Édition originale, en gros caractères. Superbe exemplaire. Haut. : 165 mill.

286. Fénelon. Les Aventures de Télémaque, fils d'Ulysse, par M. de Fénelon. *Paris, de l'imprimerie de Crapelet, an IV* (1796). 1 vol. in-8, papier vélin, demi-veau, non rog. portraits et figures de Mariller avant la lettre.

287. Fontenelle. Entretiens sur la pluralité des mondes (par Fontenelle). *Paris,* 1686. In-12, maroq. rouge, jans. dent. int. tr. dor. (*Reymann*.)

Édition originale.

288. Fromageot. Annales du règne de Marie-Thérèse, impératrice douairière, reine de Hongrie et de Bohême, archiduchesse d'Autriche, par M. Fromageot, prieur commendataire. *Paris, Prault,* 1775. In-8, portraits et figures, veau.

289. (De Gheyn.) Maniement d'armes, d'arquebuzes, mousquetz et piques (texte en français et en allemand). *Francfort-sur-Meyn, Conrad Cortoys,* 1609. In-4, figures au trait, parch.

Bel exemplaire d'une édition rarissime, ornée de charmantes gravures.

sur bois. D'autres pièces (en allemand) sur l'art militaire, dans le même volume.

290. Gilbert. Œuvres complètes de Gilbert. *A Paris, chez Le Jay*, 1788. In-8, port. cart. non rog.

Édition originale.

291. Gresset. Le Méchant, comédie en cinq actes, en vers, par M. Gresset, *Paris*, 1747. In-12, maroq. rouge, jans. dent. int. tr. dor. (*Reymann.*)

Édition originale.

292. Gresset. Œuvres choisies de Gresset, édition ornée de figures en taille-douce (cinq) dessinées par Moreau le jeune. *Paris, de l'imprimerie de Didot jeune, An Deuxième.* In-18, cart. n. rog.

293. Hamilton. Mémoires de la vie du comte de Grammont, contenant particulièrement l'histoire amoureuse de la cour d'Angleterre sous le règne de Charles II (par A. Hamilton). *A Cologne*, 1713. In-12, mar. vert, jans. dent. int. tr. dor. (*Cuzin.*)

Édition originale.

294. Hénault. Nouvel Abrégé chronologique de l'histoire de France (par le président Hénault). *Paris*, 1749. In-4, vignettes et culs-de-lampe de Cochin, mar. bleu, dos orné, fil. dent. int. tr. dor. (*Rel. anc.*)

295. Imbert. Le Jugement de Pâris, poème en quatre chants, par M. Imbert. *Amsterdam*, 1772. In-8, gr. papier, titre gravé, fig. de Mcreau le jeune et vignettes de Choffard, cart.

296. Imbert. Historiettes, ou Nouvelles en vers, par M. Imbert. *Amsterdam*, 1774. In-8, pap. de Hollande, titre gravé, une fig. et 4 vignettes de Moreau le jeune, v. éc. filets.

297. (IMBERT.) Les Bienfaits du sommeil, ou les Quatre Rêves accomplis (par Imbert). *A Paris, chez Desnos*, 1776. In-18, titre gravé et quatre figures de Moreau le jeune, gravés

par Delaunay, mar. rouge, dos orné, fil. tr. dor. armoiries sur les plats.

<small>Très bel exemplaire en reliure ancienne.</small>

297 *bis.* (KEMPIS.) Thomæ a Kempis de Imitatione Christi libri quatuor. *Lugduni (Batav.), apud Joh. et Dan. Elzevirios, s. d.* Pet. in-12, front. gr. mar. brun, jans. doublé de mar. rouge, large dent. à pet. fers, tr. dor. (*Cuzin*.)

<small>Hauteur : 127 mill.</small>

298. (KEMPIS.) De l'Imitation de Jésus-Christ, traduction nouvelle (de M. de Choisy). *A Paris, chez Antoine Dézallier,* 1692. In-12, fig. maroq. vert, jans. doublé de maroq. rouge, large dent. à petits fers. tr. dor. (*Cuzin*.)

<small>Superbe exemplaire de cette édition très rare et très recherchée.</small>

299. LABORDE. Choix de Chansons, mises en musique par M. de la Borde, orné d'estampes par J.-M. Moreau, dédiées à Madame la Dauphine. *A Paris, chez de Lormel, imprimeur de l'Académie royale de musique,* 1773. 4 tomes en 2 vol. gr. in-8, titres gravés, 4 front. et 100 fig. par Moreau, Le Bouteux et Le Barbier, grav. par Moreau, Masquelier, Née, etc., mar. bleu, dos orné, fil. tr. dor. (*Rel. ancienne.*)

<small>Très bel exemplaire. avec le portrait de la Borde gravé par Masquelier d'après Denon.</small>

300. LA BRUYÈRE. Les Caractères de Théophraste, traduits du grec, avec les Caractères ou les mœurs de ce siècle (par La Bruyère). *A Paris, chez Estienne Michallet,* 1688. In-12, maroq. rouge, jans. doublé de maroq. bleu, large dent. à petits fers, tr. dor. (*Cuzin*.)

<small>Première édition. Très bel exemplaire.</small>

301. LA BRUYÈRE. Les Caractères de Théophraste, avec les Caractères et les mœurs de ce siècle (par La Bruyère). Neuvième édition. *Paris,* 1696. In-12, v. br.

302. LA BRUYÈRE. Les Caractères de Théophraste et de la Bruyère, avec des notes de M. Coste. *Paris,* 1765. In-4,

grand papier, très beau portrait, mar. rouge, dos orné, fil. dent. int. tr. dor. (*Derome.*)

303. La Fontaine. Fables nouvelles et autres poésies de M. de la Fontaine. *A Paris, chez Denys Thierry*, 1671. In-12, fig. à mi-pages, maroq. rouge, dos orné, fil. à la Du Seuil, dent. int. tr. dor. (*Cuzin.*)

304. La Fontaine. Recueil des contes du sieur de la Fontaine, les Satires de Boileau et autres pièces connues. *A Amsterdam, chez Jean Verhœven*, 1669. Pet. in-12, mar. orange, dos orné, fil. dent. int. tr. dor. (*Trautz-Bauzonnet.*)

Très bel exemplaire de la bibliothèque Le Beuf de Montgermont. Hauteur : 128 mill. 1/2.

305. La Fontaine. Contes et nouvelles en vers, par M. de la Fontaine. *A Amsterdam (Paris, Barbou)*, 1762. 2 vol. in-8, port. fig. vign. et culs-de-lampe, veau fauve, fil. tr. dor. (*Rel. anc.*)

Édition dite des fermiers généraux. Les figures sont en très belles épreuves.

306. La Fontaine. Contes et nouvelles en vers, par Jean de la Fontaine. *Paris*, 1795. 2 tomes en 1 vol. in-4, fig. demi-mar. non rog.

Les 20 figures de Fragonard sont avant les numéros. Un portrait de la Fontaine (des Grands Hommes de Perrault) et 5 pièces de Fragonard, dont quelques-unes non terminées, ont été ajoutées à cet exemplaire.

307. La Fontaine. Ouvrages de prose et de poésie des sieurs de Maucroy et de la Fontaine. *Paris, chez Claude Barbin*, 1685. 2 tomes en 1 vol. in-12, v. tr. dor.

Édition originale.

308. (La Grange-Chancel.) Odes philippiques (par Lagrange-Chancel), avec des Notes instructives. *S. l. n. d.* In-12, maroq. citron, jans. dent. int. tr. dor. (*Cuzin.*)

Première édition, très rare.

309. La Motte. Fables nouvelles, dédiées au Roy, par M. de la Motte. *Paris*, 1719. In-4, grand papier, frontispice et vignettes, veau brun.

310. (Lancelot.) Le Jardin des Racines grecques, mis en vers françois (par Lancelot). Seconde édition. *Paris,* 1664. In-12, frontisp. maroq. rouge, jans. dent. int. tr. dor. (*Reymann.*)

311. La Serre. Le Secrétaire à la mode, par le sieur de la Serre..... *A Amsterdam, chez Jean Jansson à Waesberge et Élizée Weyerstraet,* 1665. In-32, front. gravé, maroq. rouge, jans. dent. int. tr. dor. (*Reymann.*)

Hauteur : 120 mill.

312. (Laujon.) Les A-propos de la société, ou Chansons de M. L*** (Laujon) (avec les A-propos de la folie). *S. l. (Paris),* 1776. 3 vol. in-8, frontisp. figures et vignettes de Moreau le jeune, cart. n. rog.

313. Legouvé. Le Mérite des Femmes, poëme, par G. Legouvé. *Paris, Didot, an IX.* Pet. in-8, papier vélin, figure d'Isabey grav. par Duplessis-Bertaux, maroq. bleu, dos orné, fil. dent. int. tr. dor. (*Cuzin.*)

Édition originale. Superbe exemplaire relié sur brochure.

314. Léonard. Poésies pastorales, par M. Léonard. *A Genève et à Paris, chez Lejay* (1771). In-8, titre par Marillier, gravé par de Ghendt. — Fables nouvelles, par M. Imbert, *A Paris, chez Delalain,* 1773. In-8, figure de Moreau le jeune gravée par de Née. Ensemble un vol. in-8, pap. de Hollande, veau.

315. Le Sage. Turcaret, comédie, par Monsieur Le Sage. *A Paris, chez Pierre Ribou,* 1709. In-12, veau brun.

Édition originale. Rare.

316. Le Sage. Les Mille et un Jours, contes persans, traduits en françois par M. Pétis de la Croix (revus par M. Le Sage). *A Paris, chez Michel Clouzier,* 1711-1712. 5 vol. in-12, v. br.

Édition originale.

317. Le Sage. Recueil des pièces mises au Théâtre-François par M. Le Sage. *Paris,* 1739. 2 vol. in-12, v. m.

Édition originale. Hauteur : 168 mill.

318. Le Sage. Une Journée des Parques, divisée en deux séances, par M. Le Sage. *A la Haye*, 1735. In-12, front. et figure, cart. n. rog.

    Édition originale.

319. (Longus.) Les Amours pastorales de Daphnis et Chloé (trad. du grec de Longus par Amyot), avec figures. (*Paris, Quillau*), 1718. Pet. in-8. Frontisp. et figures. Reliure mosaïque, maroq. la Vall. clair, incrustations de maroq. bleu et rouge, entrelacs de filets, doublé de maroq. bleu, large dent. genre Padeloup, tr. dor. (*Thibaron-Joly*.)

    Édition dite du Régent. Superbe exemplaire dans une charmante reliure mosaïque de Thibaron-Joly.

320. (De Maistre.) Voyage autour de ma chambre, par M. le Chev. X*** (de Maistre). *A Turin*, 1794. In-12, maroq. vert, jans. dent. int. tr. dor. (*Reymann*.)

    Édition originale, très rare.

321. Malherbe. Les Œuvres de Mre François Malherbe, gentilhomme de la chambre du Roy. *A Paris, chez Chapellain*, 1630. In-4, portrait, maroq. rouge, jans. doublé de maroq. bleu, large dent. à petits fers, tr. dor. (*Cuzin*.)

    Édition originale et la première sous cette date. Superbe exemplaire.

322. Malfilatre. Narcisse dans l'isle de Vénus, poëme en quatre chants. *Paris, Lejay*. In-8, frontispice d'Eisen et fig. de Saint-Aubin.

323. (Marivaux.) Annibal, tragédie, en cinq actes (par M. de Marivaux). *Paris, chez Noël Pissot*, 1727. In-12, v.

    Édition originale. Très rare.

324. Marivaux. Arlequin poli par l'Amour, comédie (par M. de Marivaux). *A Paris, chez la veuve Guillaume*, 1723. In-12, cart. n. rog.

    Édition originale.

325. Marivaux. La Double Inconstance, comédie en trois actes (par M. de Marivaux). *A Paris, chez François Flahault*, 1724. In-8, cart. n. rog.

    Édition originale.

326. MARIVAUX. La Fausse Suivante, ou le Fourbe puny, comédie en trois actes (par M. de Marivaux). *A Paris, chez Briasson*, 1729. In-12, cart. n. rog.
Édition originale.

327. MARIVAUX. Le Prince travesti, ou l'Illustre Avanturier, comédie. *A Paris, chez Noël Pissot, quay de Conty*, 1727. In-12, cart. n. rog.
Edition originale.

328. MARIVAUX. Le Dénouement imprévu, comédie d'un acte (par M. de Marivaux). *A Paris, chez Noël Pissot*, 1727. In-12, cart.
Édition originale.

329. MARIVAUX. L'Isle des Esclaves, comédie en un acte (par M. de Marivaux). *A Paris, chez Noël Pissot, Pierre Delormel, François Flahaut,* 1725. In-12, cart.
Édition originale.

330. MARIVAUX. L'Héritier de Village, comédie en un acte (par M. de Marivaux). *A Paris, chez Briasson*, 1729. In-12, cart.

331. MARIVAUX. L'Isle de la Raison, ou les Petits Hommes, comédie en trois actes (par M. de Marivaux). *A Paris, chez Pierre Prault*, 1727. In-12, frontisp. gravé, cart.
Édition originale.

332. MARIVAUX. La Seconde Surprise de l'Amour, comédie, par Monsieur de Marivaux. *A Paris, chez Pierre Prault*, 1728. In-12, cart.
Édition originale.

333. MARIVAUX. Le Triomphe de Plutus, comédie (par M. de Marivaux). *A Paris, chez Prault*, 1739. In-12, cart.
Édition originale.

334. MARIVAUX. Le Jeu de l'Amour et du Hazard, comédie en trois actes (par M. de Marivaux). *A Paris, chez Briasson*, 1730. In-12, cart.
Edition originale.

335. MARIVAUX. La Réunion des Amours, comédie héroïque (par M. de Marivaux). *A Paris, chez Chaubert*, 1732. In-12, cart.

> Édition originale. Rare.

336. MARIVAUX. Le Triomphe de l'Amour, comédie de M. de Marivaux. *A Paris, chez Pierre Prault*, 1732. In-12, cart.

> Édition originale.

337. MARIVAUX. Les Sermens indiscrets, comédie de M. de Marivaux. *A Paris, chez Pierre Prault*, 1732. In-12, cart.

> Édition originale.

338. MARIVAUX. L'École des Mères, comédie de M. de Marivaux. *A Paris, chez Pierre Prault*, 1732. In-12, cart.

> Édition originale.

339. MARIVAUX. L'Heureux Stratagème, comédie de M. de Marivaux. *A Paris*, 1733. In-12, cart.

> Édition originale.

340. MARIVAUX. La Méprise, comédie de Monsieur de Marivaux. *A Paris, chez Prault père*, 1739. In-12, cart.

> Édition originale.

341. MARIVAUX. Le Petit Maître corrigé, comédie de Monsieur de Marivaux. *A Paris, chez Prault père*, 1739. In-12, cart.

> Édition originale.

342. MARIVAUX. La Mère confidente, comédie en trois actes, de M. de Marivaux. *A Paris, chez Prault fils*, 1735. In-12, cart.

> Édition originale.

343. MARIVAUX. Le Legs, comédie en un acte, de Monsieur M*** (Marivaux). *A Paris, chez Prault fils*, 1736. In-12, cart.

> Édition originale. Rare. Nombreux témoins.

344. MARIVAUX. Les Fausses Confidences, comédie de Mon-

sieur de Marivaux. *A Paris, chez Prault père*, 1738. In-12 cart.

Édition originale.

345. Marivaux. La Joye imprévue, comédie (par M. de Marivaux). *A Paris, chez Prault père*, 1738. In-12, cart.

Édition originale.

346. Marivaux. Les Sincères, comédie de Monsieur de Marivaux. *A Paris, chez Prault père*, 1739. In-12, cart.

Édition originale.

347. Marivaux. La Dispute, comédie en prose, en un acte, par M. de M*** (Marivaux). *A Paris, chez Jacques Clousier*, 1747. In-12, cart.

Édition originale.

348. Marivaux. Le Préjugé vaincu, comédie en prose, en un acte, par M. de M*** (Marivaux). *A Paris, chez Jacques Clousier*, 1747. In-12, cart. n. rog.

Édition originale.

349. Marmontel. Bélisaire, par M. Marmontel, de l'Académie françoise. *A Paris, chez Merlin*, 1767. In-8, fig. de Gravelot, v. éc.

350. Marmontel. Les Incas, ou la Destruction de l'empire du Pérou, par M. Marmontel. *Paris*, 1777. 2 vol. in-8, fig. de Moreau le jeune, veau éc. fil. tr. marbr.

351. Marot. Les Œuvres de Clément Marot, valet de chambre du Roy, desquelles le contenu s'ensuit : l'Adolescence clémentine ; la Suite de l'Adolescence ; deux livres d'Épigrammes ; le premier livre de la Métamorphose d'Ovide, le tout par luy autrement et mieulx ordonné que par cy devant. *On les vend à Lyon, chez Gryphius* (1539). In-8, mar. rouge, à compart. de filets sur les plats, doublé de mar. rouge, dent. à l'int. tr. dor. (*Thibaron-Joly.*)

Édition d'une extrême rareté. Très bel exemplaire à toutes marges.

352. Marot. Les Œuvres de Clément Marot de Cahors, va-

let de chambre du Roy. *A la Haye, chez Adrian Moetjens,* 1700. 2 vol. pet. in-12, mar. rouge, dos orné, fil. dent. int. tr. dor. (*Cuzin.*)

Bel exemplaire de la bonne édition sous cette date. Hauteur : 137 mill.

353. MASSILLON. Sermons de M. Massillon, évêque de Clermont. — Petit Carême. *Paris,* 1745. In-12, mar. vert, jans. dent. int. tr. dor. (*Cuzin.*)

Édition originale.

354. (MERCIER.) Les Quatre Métamorphoses, poème (par Mercier). *Paris, l'an VII.* Gr. in-4, pap. vélin, demi-mar. non rog.

355. LES MILLE ET UNE NUITS. Contes arabes, traduits en françois par M. Galland. *Paris,* 1704-1717. 12 vol. in-12.

Édition originale. Très rare surtout lorsque tous les volumes sont de bonne date et en première édition, comme dans notre exemplaire; Tomes I à IV. *Paris, chez la veuve de Claude Barbin,* 1704. — Tomes V et VI. *Id.* 1705. — Tome VII. *Id.* 1706. — Tome VIII. *En la boutique de Claude Barbin, chez la veuve Ricœur,* 1709. — Tomes IX et X. *Chez Florentin Delaune,* 1712. — Tomes XI et XII. *Lyon, Briasson,* 1717. — On trouve quelquefois les tomes XI et XII avec la suscription : *Imprimé à Lyon, par Briasson, et se vend à Paris.* Mais la justification et le nombre de pages sont les mêmes dans les deux cas.

356. MOLIÈRE. Psyché, tragédie-ballet, par J.-B. Molière. *Suivant la copie imprimée à Paris,* 1675. — Le Malade imaginaire, comédie meslée de musique et de dance, par feu de Molière. *Suiv. la copie à Paris,* 1673. Incomplet du dernier feuillet. — Le Malade imaginaire, comédie en trois actes, 1674. — Les Femmes sçavantes, comédie, 1674. Ensemble un vol. pet. in-12, cart.

Exemplaire à toutes marges. Hauteur : 140 millim.

357. MOLIÈRE. Les Œuvres de monsieur de Molière, reveues, corrigées et augmentées. *A Paris, chez Denys Thierry, Claude Barbin et Pierre Trabouillet,* 1682. 8 vol. in-12, figures, mar. rouge, jans. dent. int. tr. dor. (*Cuzin.*)

Très bel exemplaire de cette édition donnée par Vinot et La Grange. On a ajouté à cet exemplaire deux cartons pour LE FESTIN DE PIERRE.

358. Molière. Les Œuvres de monsieur de Molière, nouvelle édition. *A la Haye*, 1735. 4 vol. pet. in-12, figures de Punt, mar. rouge, dos orné, fil. dent. int. tr. dor. (*Cuzin*.)

<small>Superbe exemplaire non rogné. Premier tirage des figures.</small>

359. Molière. Œuvres de Molière avec des remarques grammaticales, des avertissemens et des observations sur chaque pièce, par M. Bret. *A Paris, par la Compagnie des Libraires*, 1773. 6 vol. in-8, portrait d'après Mignard, gravé par Cathelin et fig. de Moreau le jeune, mar. rouge, dos orné, fil. dent. int. tr. dor. (*Reymann*.)

<small>Exemplaire de premier tirage.</small>

360. Montesquieu. Lettres persanes (par Montesquieu). *A Cologne, chez Pierre Marteau*, 1721. 2 vol. pet. in-12, mar. bleu, dos orné, fil. dent. int. tr. dor. (*Cuzin*.)

<small>Véritable édition originale. Fort rare. Très bel exemplaire.</small>

361. (Montesquieu.) Considérations sur les causes de la grandeur des Romains et de leur décadence (par Montesquieu). *A Amsterdam, chez Jacques Desbordes*, 1734. In-12, mar. vert, jans. dent. int. tr. dor. (*Reymann*.)

<small>Édition originale. Très rare. On a ajouté à cet exemplaire le carton de la page 131.</small>

362. (Montesquieu.) De l'Esprit des Loix (par Montesquieu). *A Genève, chez Barillot et fils, s. d.* (1748). 2 vol. in-4, demi-veau fauve, non rognés.

<small>Édition originale. Précieux exemplaire avec les cartons et le texte primitif. Très rare.</small>

363. Montesquieu. Arsace et Isménie, histoire orientale, par M. de Montesquieu. *A Londres, et se trouve à Paris, chez Guillaume de Bure fils aîné*, 1783. In-18, fig. mar. vert, dos orné à pet. fers, tr. dor. (*Bradel*.)

<small>Très bel exemplaire de De Bure, avec les figures AVANT LA LETTRE et les EAUX-FORTES.</small>

364. Le Parfumeur françois, qui enseigne toutes les manières de tirer les odeurs des fleurs et de faire toutes sortes de compositions de parfums, avec le secret de purger le tabac en poudre, et le parfumer de toutes sortes d'odeurs.

A Amsterdam, chez Paul Marret, 1696. Pet. in-12, figure, demi-cart. toile verte, n. rog.

365. PARNY. La Guerre des dieux anciens et modernes, poème en dix chants, par Évariste Parny. *Paris, Didot, an VII.* In-12, pap. vergé, cart. non rogné.

Édition originale.

366. PERRAULT. Histoires ou Contes du tems passé, avec des moralités, par M. Perrault *La Haye,* 1742. In-12, frontisp. et figures à mi-pages par Fokke, mar. rouge, dos orné, fil. doublé de mar. bleu, large dent. à petits fers, tr. dor. (*Cuzin.*)

Très rare. Superbe exemplaire.

367. PEZAY. Le Pot-Pourri, épître à qui on voudra, suivie d'une autre épître (par le marquis de Pezay). *Paris,* 1764. In-8, gr. papier, figures et vignettes d'Eisen, mar. rouge, fil. tr. dor. (*Rel. anc.*)

368. PEZAY. Zélis au bain, poème en quatre chants. *A Genève* (*Paris,* 1763). In-8, titre gravé, figures et vignettes d'Eisen, mar. rouge, dos orné, fil. dent. int. tr. dor. (*Reymann.*)

369. PIRON. La Métromanie, ou le Poète, comédie en vers et en cinq actes, par M. Piron. *Paris,* 1738. In-8, mar. rouge, jans. dent. int. tr. dor. (*Reymann.*)

Édition originale.

370. PIRON. Œuvres complettes d'Alexis Piron, publiées par M. Rigoley de Juvigny. *A Paris, de l'imprimerie de M. Lambert,* 1776. 7 vol. in-8, portrait, mar. vert, dos orné, fil. tr. dor. (*Rel. ancienne.*)

371. PIRON. Poésies diverses d'Alexis Piron. *A Londres,* 1779. In-8, cart. non rogné.

372. (PLANCHER-VALCOURT.) Le Petit-Neveu de Boccace, ou Contes nouveaux en vers (par Plancher-Valcourt). *Amsterdam,* 1777. In-3, frontisp. figure et vignettes de Desrais, mar. rouge, jans. dent. int. tr. dor. (*Reymann.*)

373. (Plancher-Valcourt.) Le Petit-Neveu de Boccace, ou Contes nouveaux en vers, nouvelle édition, revue, corrigée et considérablement augmentée. *Avignon,* 1781. In-8, frontisp. de Desrais, gravé par Patas, v. éc. fil.

374. Plutarque. Les Vies des hommes illustres, Grecs et Romains, par Plutarque. *Paris, Vascosan,* 1558. — Les Œuvres morales et meslées de Plutarque, translatées du grec en françois, par messire Jacques Amyot. *Paris, Vascosan,* 1572. Ensemble 2 vol. in-fol. mar. rouge, tr. dor. (*Rel. anc.*)

375. Pope. Œuvres complettes d'Alexandre Pope, traduites en françois. *Paris, chez la veuve Duchesne,* 1779. 8 vol. in-8, portrait et figures de Marillier, veau écaille, fil. tr. dor.

376. (Prévost.) Mémoires et Avantures d'un homme de qualité qui s'est retiré du monde. *A Amsterdam, aux dépens de la Compagnie,* 1731. 7 vol. pet. in-12, cart.

Bel exemplaire. Le tome septième contient l'ÉDITION ORIGINALE DE MANON LESCAUT.

377. Prévost. Histoire du chevalier Des Grieux et de Manon Lescaut (par l'abbé Prévost). *Amsterdam, aux dépens de la Compagnie (Paris),* 1753. 2 vol. in-12, 8 jolies figures de Gravelot et Pasquier, mar. rouge, dos orné, fil. doublé de mar. bleu, riche dent. à petits fers, tr. dor. (*Cuzin.*)

378. Psalterium Davidis ad Exemplar Vaticanum, 1592. *Lugduni, apud Joh. et Dan. Elzevirios,* 1653. Pet. in-12, front. gravé, mar. bleu, dos orné, dent. sur les plats, doublé de moire, dent. à l'int. tr. dor. (*Bozérian.*)

Très bel exemplaire. Hauteur : 133 millim. 1/2.

379. (De Querlon.) Les Grâces (par de Querlon). *Paris, Laurent Prault,* 1769. Gr. in-8, demi-rel. titre gravé par Moreau, frontisp. par Boucher et cinq fig. par Moreau, grav. par de Launay, de Longueil, Massart et Simonnet.

380. Quinault. Le Théâtre de M. Quinault. *Suivant la copie imprimée à Paris (Hollande, Elzev.),* 1663. 2 vol. pet.

in-12, front. à chaque pièce, mar. rouge, jans. dent. int. tr. dor. (*Reymann.*)

<small>Très bel exemplaire du Quinault Elzévir. Toutes les pièces sont de bonne date. On a ajouté pour compléter le théâtre un 3me volume contenant : Bellérophon, 1671. — Astrate, 1665. — Pausanias, 1697. — La Mère coquette, 1666. (Haut. : 130 millim.)</small>

381. RABAUT. Almanach historique de la Révolution françoise pour l'année 1792, rédigé par Rabaut. *Paris, de l'imprim. de Didot.* In-18, figures de Moreau le jeune, AVANT LA LETTRE, mar. rouge, jans. dent. int. tr. dor. (*Reymann.*)

382. RACINE. Esther, tragédie (de Racine). *Paris, Cl. Barbin,* 1689. In-12, figure. — Athalie, tragédie. *Paris,* 1692. In-12, figure. — Ensemble un vol. in-12, v. m.

<small>Éditions originales.</small>

383. RACINE. Œuvres de Racine. *A Paris, chez Pierre Trabouillet,* 1697. 2 vol. in-12, frontisp. et figures, mar. rouge, jans. doublé de mar. rouge, dent. à la Chamillard, tr. dor. (*Cuzin.*)

<small>Dernière édition donnée par Racine. Très bel exemplaire. Hauteur : 162 millim.</small>

384. RECUEIL de quelques pièces nouvelles et galantes tant en prose qu'en vers. *A Cologne, chez Pierre du Marteau* (*Amsterdam, D. Elzev.*), 1663. Pet. in-12, mar. rouge, jans. doublé de mar. bleu, dent. à pet. fers, tr. dor. (*Reymann.*)

<small>Cet ouvrage contient la première édition du voyage de Chapelle et Bachaumont. — Hauteur : 131 mill.</small>

385. RECUEIL DES MEILLEURS CONTES EN VERS (par la Fontaine, Voltaire, Grécourt, Vergier, Moncrif, etc.). *Londres* (*Paris, Cazin*), 1778. 4 vol. pet. in-12, portrait et figures de Duplessis-Bertaux, mar. rouge, dos orné, fil. dent. int. tr. dor, (*Rel. anc.*)

<small>Très belles épreuves des figures. Superbe exemplaire.</small>

386. REGNARD. Les Œuvres de M. Regnard. *A Paris, chez Pierre Ribou,* 1708-1707. 2 vol. in-12, frontisp. et figures. — Le Légataire universel, comédie. *Paris, Ribou,* figure.

—. La Critique du Légataire, comédie. *Paris,* 1708. Ensemble 2 vol. in-12, maroq. vert, dos orné, fil. dent. int. tr. dor. (*Cuzin.*)

<small>Édition originale. — Le Légataire universel et la Critique sont en éditions originales. Superbe exemplaire. Hauteur : 164 millimètres.</small>

387. REGNARD. Les Œuvres de M. Regnard. *A Bruxelles, chez les frères T'Serstevens,* 1711. 2 vol. pet. in-12, figures, maroq. vert, dos orné, fil. dent. int. tr. dor. (*Cuzin.*)

<small>Très bel exemplaire relié sur brochure, charmantes figures. Édition rare.</small>

388. REGNARD. Œuvres de Regnard, nouvelle édition revue exactement, corrigée et conforme à la représentation. *A Paris, chez Maradan,* 1790. 4 vol. gr. in-8, portrait et fig. de Borel, veau racine, tr. dor.

389. REGNIER. Les Satyres et autres œuvres folastres du sieur Regnier. *A Paris, chez David Gilles, sur le Pont-Neuf,* 1617. In-12, maroq. rouge, jans. dent. int. tr. dor. (*Reymann.*)

<small>Édition très rare.</small>

390. REGNIER. Les Satyres et autres œuvres du sieur Regnier, augmentées de diverses pièces cy-devant non encore imprimées. *A Leyden, chez Jean et Daniel Elzevier,* 1652. Pet. in-12, maroq. orange, doublé de mar. or. large dent. tr. dor. (*Cuzin.*)

<small>Très bel exemplaire. Hauteur : 124 millimètres.</small>

391. REGNIER. Les Satyres et autres œuvres de Regnier, avec des remarques. *Londres,* 1729. In-4, grand papier, veau fauve.

392. RÉTIF DE LA BRETONNE. Le Paysan perverti, ou les Dangers de la ville... par N. Rétif de la Bretonne. *La Haie,* 1776, 4 vol. fig. — Les Dangers de la ville, ou Histoire effrayante et morale d'Ursule, dite la Paysanne pervertie. *La Haie, et se trouve à Paris,* 1784. 4 vol. fig.

Ensemble 8 vol. in-12, fig. de Binet, demi-maroq. rouge, non rognés.

<small>Très bel exemplaire de Pixerécourt.</small>

393. Rétif de la Bretonne. Les Nuits de Paris, ou le Spectateur nocturne, par Retif de la Bretonne. *Londres et Paris,* 1788-1794. 16 vol. in-12, 18 figures de Binet, demi-maroq. rouge, non rognés.

<small>Très rare.</small>

394. Retz. La Conjuration du comte Jean-Louis de Fiesque (par le cardinal de Retz). *Paris, chez Claude Barbin,* 1665. In-12, maroq. vert, jans. dent. int. tr. dor. (*Cuzin.*)

<small>Édition originale.</small>

395. Ronsard. Les Œuvres de Pierre de Ronsard, reveues et augmentées. *A Paris, chez Nicolas Buon,* 1610. 11 tomes en 5 vol. in-12, demi-veau ant.

<small>Édition estimée. Bel exemplaire d'Audenet.</small>

396. Rousseau. Lettres de deux amans habitans d'une petite ville au pied des Alpes, recueillies et publiées par J.-J. Rousseau. *A Amsterdam, chez Marc-Michel Rey,* 1761. 12 parties en 6 vol. in-12, figures de Gravelot, v. éc. fil.

<small>Édition originale de la Nouvelle Héloïse. Très belles épreuves des figures.</small>

397. Rousseau. Recueil d'estampes pour la Nouvelle Héloïse, avec les sujets des mêmes estampes tels qu'ils ont été donnés par l'éditeur. *Paris,* 1761. In-12, cart. non rogné, fig. de Gravelot en premier état avec les renvois incorrects à la pagination de l'ouvrage.

398. Saint-Lambert. Les Saisons, poème (par Saint-Lambert). *A Amsterdam (Paris),* 1775. In-8, grand papier, figures et vignettes de Moreau le jeune, maroq. vert, dos orné, fil. dent. int. tr. dor. (*Reymann.*)

399. Saint-Pierre. Paul et Virginie, par Jacques-Bernardin-Henri de Saint-Pierre, avec figures. *A Paris, de l'imprimerie de Monsieur,* 1789. In-12, papier vélin d'Essone,

fig. de Moreau le jeune, maroq. bleu, dos orné, compart. de filets sur les plats, doublé de maroq. citron. dent. à petits fers, tr. dor. (*Cuzin*.)

Superbe exemplaire avec témoins.

400. SAINT-PIERRE. Paul et Virginie, par Jacques-Henri-Bernardin de Saint-Pierre. *Paris,* 1806. In-4, portrait et fig. avant la lettre, cart. n. r.

401. SAINT-PIERRE. La Chaumière indienne, par Jacques-Bernardin-Henri de Saint-Pierre, de l'imprimerie de Monsieur. *A Paris, chez P.-Fr. Didot,* 1791. In-18, papier vélin, cart. n. rog.

Édition originale.

402. SCARRON. Recueil des œuvres burlesques de M. Scarron. *Suivant la copie imprimée à Paris, chez Toussaint Quinet* (*Leyde, Elzev.*). 1655. Pet. in-12, front. gr. maroq. rouge, dos orné, fil. dent. int. tr. dor. (*Cuzin*.)

Très rare. Hauteur : 127 millimètres, Témoins.

403. SÉVIGNÉ. Lettres de Madame de S*** (Sévigné) à Monsieur de Pomponne. *A Amsterdam*, 1756. In-12, maroq. rouge, jans. dent. int. tr. dor. (*Reymann*.)

Édition originale.

404. SWIFT. La Vie et les Avantures surprenantes de Robinson Crusoé (de Swift, traduct. de l'abbé Desfontaines). *A Amsterdam,* 1720-1721. 3 vol. in-12, fig. de B. Picard, maroq. rouge, dos orné, fil. dent. int. tr. dor. (*Reymann*.)

Édition originale.

405. SWIFT. Voyages de Gulliver (de Swift, trad. de l'abbé Desfontaines). *A Paris, chez Gabriel Martin,* 1727. 2 vol. in-12, fig. maroq. rouge, dos orné, fil. dent. int. tr. dror. (*Cuzin*.)

Édition originale.

406. TABARIN. Recueil général des œuvres et fantasies (*sic*) de Tabarin, contenant ses rencontres, questions et de-

mandes facécieuses avec leurs réponses. *A Rouen, chez Loüys du Mesnil (Amsterdam, Elzev.)*, 1664, Pet. in-12, maroq. citron, dos orné, fil. dent. int. tr. dor. (*Cuzin.*)

Hauteur : 128 mill.

407. TABOUROT. Les Bigarrures et Touches du seigneur des Accords, avec les Apophtegmes du sieur Gaulard, et les Escraignes dijonnoises. *A Paris,* 1608. In-12, maroq. vert, jans. dent. int. tr. dor. (*Reymann.*)

408. VADÉ. La Pipe cassée, poème épitragipoissardihéroï-comique (par Vadé). *A la Liberté, chez Pierre Bonne-Humeur, avec permission du public.* In-8, quatre ravissantes vignettes d'Eisen, maroq. rouge, jans. dent. int. tr. dor.

Édition originale.

409. VOITURE. Les Lettres (et les poésies) de M. de Voiture. *A Amsterdam, chez Jean de Ravesteyn (Elzevir)*, 1657. Pet. in-12, frontisp. gravé, maroq. citron, dos orné, fil. dent. int. tr. dor. (*Cuzin.*)

Hauteur : 126 mill.

410. VOLTAIRE. La Henriade (par Voltaire), nouvelle édition. *Paris, veuve Duchesne, Saillant, Desaint, Panckoucke et Nyon,* 1770. 2 vol. in-8, titre-frontisp. fig. et vignettes d'Eisen, grav. par de Longueil, veau écaille, fil. tr. dor. (*Rel. anc.*)

411. VOLTAIRE. La Pucelle d'Orléans, poème divisé en quinze livres, par M. de V*** (Voltaire). *Louvain,* 1755. In-12, maroq. rouge, jans. dent. int. non rogné. (*Reymann.*)

Édition originale.

412. VOLTAIRE. La Pucelle d'Orléans, poème divisé en vingt chants. *S. L,* 1762. In-8, v. br. fig. de Gravelot, en très belles épreuves.

413. VOLTAIRE. La Mérope française, avec quelques petites pièces de littérature (par Voltaire). *Paris,* 1744. In-8, portrait et fig. cart.

Édition originale. Exemplaire en grand papier.

414. Voltaire. Le Caffé, ou l'Écossaise, comédie de M. Hume, traduite en françois (par Voltaire). *Londres,* 1760. In-12, figure, maroq. citron, jans. dent. int. tr. dor. (*Reymann.*)

<small>Édition originale à laquelle on a ajouté la très rare figure de l'âne.</small>

415. Voltaire. Le Micromégas de M. de Voltaire. *A Londres, s. d.* (1748). In-12, titre gravé, maroq. vert, jans. dent. int. tr. dor. (*Cuzin.*)

<small>Édition originale.</small>

416. Voltaire. Zadig, ou la Destinée, histoire orientale. *S. L.* 1748. In-12, maroq. rouge, jans. dent. int. tr. dor. (*Reymann.*)

<small>Édition originale.</small>

417. Voltaire. Zadig, ou la Destinée, histoire orientale, par M. de Voltaire. *Londres,* 1799. In-32, portrait et figures de Lecœur, maroq. rouge, jans. dent. int. tr. dor. (*Reymann.*)

<small>Très rare.</small>

418. Voltaire. Le Siècle de Louis XIV (par Voltaire), publié par M. de Francheville. *A Berlin, chez C.-F. Henning,* 1751. 2 vol. in-12, brochés, non rog.

<small>Édition originale, très rare.</small>

419. Voltaire. Lettres philosophiques, par M. de V*** (Voltaire), avec plusieurs pièces galantes et nouvelles de différens auteurs critiques et satiriques. *A Londres,* 1781. In-8, demi-cart. toile, n. rog.

Paris. — Typ. G. Chamerot, 19, rue des Saints-Pères. — 12315.

PARIS
TYPOGRAPHIE GEORGES CHAMEROT
19, rue des Saints-Pères, 19

www.ingramcontent.com/pod-product-compliance
Lightning Source LLC
LaVergne TN
LVHW020040090426
835510LV00039B/1310